ラーマクリシュナの回想録 1

──出家と在家信者による──

スワーミー・チェタナーナンダ編集・収集

日本ヴェーダーンタ協会

目次

出版者のことば

神の化身について理解したいなら、例えば、ゴータマ・ブッダの生涯や教えは「トゥリピタカ Tripitaka（三蔵《さんぞう》）」などの聖典から、また、イエス・キリストの生涯や教えは「バイブル（聖書）」から理解することができるのは確かです。しかしこれらの聖典は彼らが生きていた時代の後に書かれたもので、それほど詳しいことが記されてはいません。そのため、それらの本は熱心な読者の要求、つまり神人《かみびと》たちが日常の生活をどのように生き、人々と接し、どのように教えたか、また彼らの身ぶりや姿勢はどうであったか、何を好み何を嫌ったか、また状況に応じてどのような気分を持っていたかなどについての情報を、完全に満たすことはできないでしょう。そして偉大な魂の人生を詳細に知ることは、私たちに強烈な喜びをあたえ、また深く考える機会をあたえてくれるのです。

聖人伝の歴史の中で初めて、シュリー・ラーマクリシュナのような神の化身の神聖な生き方と教えの詳細を、彼の親戚や弟子たち、また男女出家在家を問わず、さまざまな信仰や職業や気質の信者たちからの、多様で信頼のおける情報として得ることができます。これらの話はすべて個人的なものですが、深遠で魅惑的で私たちの精神を高揚させてくれるものです。読者の皆さんは、この本を読んで楽しみながら精神的に満たされていくのを感じるでしょう。この本に出てくる話は、シュリー・ラーマクリシュナの臨在を生き生きと感じさせ、読者のみなさんは彼を心に感じ、聖なる交流が精妙なかたちで経験されるのです。

当協会ではすでに「ラーマクリシュナの福音」（The Gospel of Sri Ramakrishna の邦訳）と「ラーマクリシュナの生涯」（Sri Ramakrishna the Great Master の邦訳）を出版してきました。この二冊はまさしくシュリー・ラーマクリシュナの生涯と教えの根源となる本ですが、今回シュリー・ラーマクリシュナの回想の詳細な断片を含み、右記二冊を補足し、彼の生涯をさらに十分なかたちで描く新しい本が提供されることを大変うれしく思っております。シュリー・ラーマクリシュナの生涯に関心を持つ読者のみなさんが、この新しい本を楽しく味わって読んでくださることを確信しています。

アメリカ、セントルイスのヴェーダーンタセンターの長であり、ラーマクリシュナ・ヴィヴェーカーナンダ文学の著者として有名なスワーミー・チェタナーナンダジーは、本書のもととなる'Sri Ramakrishna as we saw Him'を編纂《へんさん》されました。彼は懸命に努力してさまざまな文献をしらべ、ベンガル語や英語の資料を集めてまわり、一冊の本にまとめられました。本書はそれを日本語に翻訳したものです。

この本は当協会の隔月誌「不滅の言葉」に数年前から順次掲載されているものですが、今回それを一冊の本にまとめました。その第一巻を出すにあたり、日本語での出版の許可ならびに貴重な写真を提供してくださいましたスワーミー・チェタナーナンダジーに心から感謝申し上げます。

明快な翻訳をしてくださった荒木光二郎さん、編集を担当してくださったメッツ陽子さん、校正をしてくださった佐藤洋子さんと村椿笙子さんに感謝いたします。またさまざまな段階で出版にご協力くださった信者ボランティアのみなさんにも感謝いたします。

シュリー・ラーマクリシュナがすべての読者のみなさんに祝福の雨を降らせてくださいますように！

日本ヴェーダーンタ協会

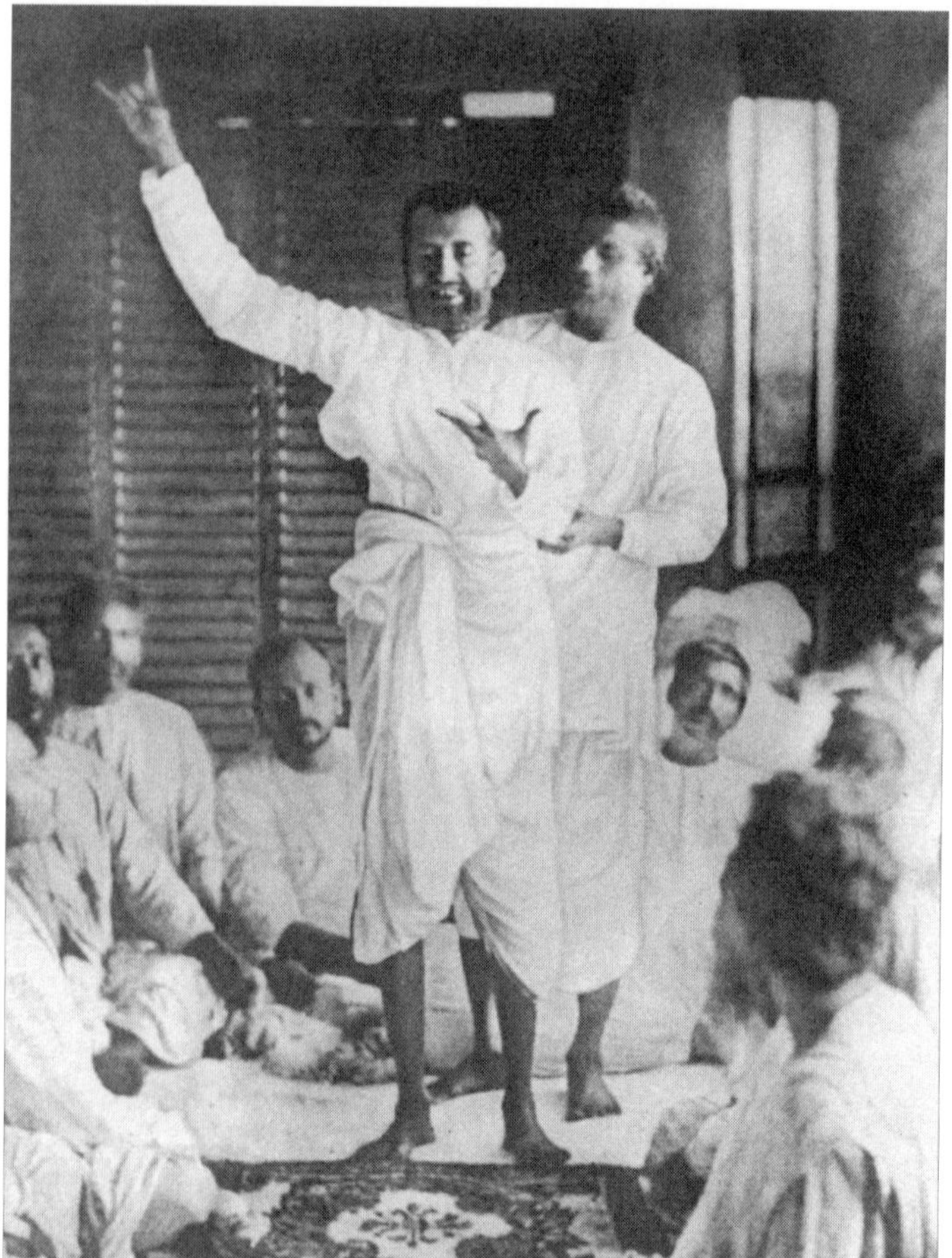

サマーディに入られたシュリー・ラーマクリシュナ

シュリー・サーラダー・デーヴィー

第一章　シュリー・サーラダー・デーヴィー

ホーリー・マザーとも呼ばれるシュリー・サーラダー・デーヴィー（一八五三〜一九二〇）は、シュリー・ラーマクリシュナの霊性の伴侶であられた。幼くして嫁ぎ、一八歳のときにドッキネッショル寺院の庭園にやってきて、師のおそばに暮らして仕えられた。師とは長きに渡って親密な関係にあったことから、その回想には特別な価値がある。師がお隠れになった後は、霊性の使命を引き継がれた。

根源

師は、「自分の肉体はガヤーからきた」とおっしゃっていました。お義母さんが亡くなると、師はガヤーでピンダム（葬儀用の菓子）をお供えするように、私におっしゃいました。「息子であるあなたが存命中ですので、私にはそのような儀式を行う資格はありません」と申しあげました。師はおこたえになりました。「いや、いや。おまえにその資格はある。どんな事情があっても、私がガヤーに行くことはできない。もしも行ったなら、帰ってこられると思うかね？［1］」ですから私は師にガヤーに行ってほしくはありませんでした。後に私はガヤーで儀式を執り行いました。

完璧主義者であられた師

師が消化不良を起こしてカマルプクルにいらしたとき、私は幼い妻でした。まだ暗いうちに起床されると、「明日は私のためにこれこれの食事を料理するように」と私におっしゃいました。そこで私たちはその通りにお料理したものでした。特別なスパイスを切らしてしまったとき、ラクシュミーのお母さん（シュリー・ラーマクリシュナの義姉）が言いました。「それじゃあ、それは入れないで作りましょうよ。手もとにないのだから仕方がないでしょう」、師はこの話を耳にされておっしゃいました。「どういう意味だね？　もしあのスパイスがなければ、どうしてだれかに一パイスを持たせて遣いに出さないのか？　手抜きをしてはいけないよ。義姉さんが作るカレーのあの独特な香りのために、私がドッキネッショルのごちそうや煮詰めた牛乳を捨ててここにきたことを知らないのかね？　それなのにあの味付けなしに済ませようとしているのだよ！」ラクシュミーのお母さんは恥じ入って、急いでスパイスを買わせに遣いをだしました。

師のための料理

ある日師はフリドエ（シュリー・ラーマクリシュナのおい）といっしょに食事をされていました。

カマルプクルでは、ラクシュミーのお母さんと私が料理していました。彼女はたいへんな料理上手でした。彼女が料理したものを召し上がった師がおっしゃいました。「リドゥ、これを作ったのは本職の料理人だ」それから私が料理したものを召し上がっておっしゃいました。「そしてこっちのは偽物の料理人のだ」、フリドエがこたえました。「本当です。でも偽物は手近だし、呼び出しさえすればいいんですよ。専門家というのはひどく高くつくし、いつでも頼めるってわけじゃありませんからね。偽物はいつでも言いなりになるものです」、師は「その通りだ。あれはいつもそばにいる」とおっしゃいました。

「何かおいしいものをナレンのために料理するように」と、ドッキネッショルで師から頼まれたことがありました。ムングダル（レンズ豆の一種）とチャパティ（発酵させないで焼くパン）を作りました。師が食後ナレンにおたずねになりました。「どうだったかね？」ナレンは「おいしかったですよ。病人食のようでした」とこたえました。すると師が私におっしゃいました。「何を料理したのだね？ 今度はチャンナダル（ヒヨコ豆）ともっと厚く焼いたチャパティをだしなさい」私がそうすると、ナレンはそれを食べてとても喜びました。

理想の夫

師が私についておっしゃいました。「彼女の名前はサーラダーだ。サラスワティー（学問の女神）だ。

だから着飾ることを好むのだよ」とフリドエにおっしゃいました。「おまえの金庫にいくらあるか調べておくれ。彼女のために一対のきれいな腕輪を作らせておくれ」、当時師はご病気でしたが、それでも三〇〇ルピーをかけて腕輪を作らされました。でもご自身がお金に触れられることはありませんでした。

私の母は「私のサーラダーをあんな気がふれた夫に嫁がせてしまった。普通の結婚生活も楽しめないし、子どもを持ってお母さんと呼ばれることもないのだもの」と嘆きました。ある日母の言葉をお聞きになった師がおっしゃいました。「お義母さん、悲しまないでください。あなたの娘は大勢の子どもたちから耳にタコができるほど『お母さん』と叫ばれるようになるでしょう」、まったくその通りでした。師がおっしゃったことはすべてその通りになったのです。

＊　＊　＊

師は神にしか興味を示されませんでした。ショーダシー・プージャー［2］を執り行われた際に私を礼拝するのに使われたサーリー、ホラ貝で作られた足輪などの品々をどうしたら良いのかおたずねすると、少しお考えになってから、おっしゃいました。「おまえのお母さんに差しあげたら良かろう」、私の父はまだ存命中でした。「だが差しあげる時、自分のお母さんだとは見なさずに、宇宙のお母さんだと思うように気をつけなさい」、私は言われた通りにしました。師の教えとはそういうものでした。

師のなさり方と思慮深さ

師の私に対する態度のなんとお優しかったこと！ 私を傷つけるような言葉は決しておっしゃいませんでした。ドッキネッショルの部屋にお食事をお持ちすると、私のことをラクシュミー（師の姪）だと思われた師が「出ていく時に、戸を閉めていけ」とおっしゃったことがありました。無遠慮な"トゥイ［3］"を用いて呼ばれたのでした。「承知致しました」とおこたえすると、私の声を聞いて仰天された師が叫ばれました。「ああ、おまえだったのか！ ラクシュミーだと思ったのだよ。どうか気にしないでおくれ」、私は「そんなこと、どうぞお気になさらないでください」と申しあげました。師が私に無礼な態度を取られたことは一度もありませんでした。そしていつもたいへんな思いやりをお示しくださいました。

師が麻糸を持ってきておっしゃったことがありました。「この糸を綯ってつりひもを作っておくれ。少年たちのための菓子やルチ（揚げパン）を入れておきたいのだ」私はつりひもを作って差しあげてから、残りの粗糸を枕に詰めました。私は麻布の上に敷物を広げて、この枕で眠りました。今使っているこの立派なマットレスや枕を使うのと同じほどよく眠れました。なんの違いもありません。

シュリー・ラーマクリシュナの子どものような性質

ドッキネッショルにおられたとき、ラカル（スワーミー・ブラフマーナンダ）その他の信者たちはとても若かったのです。ラカルが師のところにやってきて、とてもおなかがすいている、と申しあげたことがありました。師はガンガー（ガンガス川）に行って叫ばれました。「ああ、ゴールダシ、ここにおいでよ。私のラカルが腹ぺこなのだ」当時のドッキネッショルには菓子屋がありませんでした。少しすると、一艘の舟がガンガーを上ってきて、寺院のガートに停泊しました。バララーム・バーブ、ゴールダシ、その他の信者がラサゴーッラー（ミルク菓子）を持って船から降りてきました。師は大喜びでラカルに叫ばれました。「ここにおいで。お菓子があるよ。腹ぺこだと言ったじゃないか」ラカルは怒って言いました。「どうして私の腹がへっていることを言いふらすのですか？」師はおっしゃいました。「どこが悪いかね？　おまえは腹ぺこだ。何か食べたいだろう。それを話してどこが悪いかね？」師は子どものような性質をお持ちでした。

ラカルの両親

「良いリンゴの木には、良いリンゴしか実らない」師はこうおっしゃってラカルの父親を満足させられました。彼がドッキネッショルにくると、師はおいしいもので丁重にもてなされました。息子を連れ帰ってしまわれることを恐れておられたのです。ラカルには継母がいました。彼女がドッキネッショルにくると、師はラカルにおっしゃっていました。「よく案内して差しあげなさい。息子にとても愛されていると思われるように、よくお世話しなさい」

召し使いのヴリンダー

ヴリンダーはとても気難しい女でした。決まった枚数のルチを自分のおやつとして取り分けてありました。それがなくなっていると、ものすごく口汚くなるのでした。「ここにいる坊ちゃんたちをごらんなさいよ！　私の分まで食べちゃったのよ。私にはこれっぽっちのお菓子もないのよ」

こうした言葉が若い信者の耳に入ってほしくないと師は思っておられました。ある朝早くナハヴァト（ホーリー・マザーが暮らしていた音楽塔）にいらした師がおっしゃいました。「ヴリンダーのルチを他の人にあげてしまったので、どうか彼女の分を作ってくれないかね。そうしないと罵りだすだろうよ。意地悪な人は避けねばならない」

ヴリンダーがやってくると、私はすぐに言いました。「ねえ、今日はあなたの分のおやつはないの。今ルチを作っているところよ」彼女は言いました。「けっこうです。どうぞおかまいなく。食材をいただけますか」私は小麦、バター、ジャガイモなどの野菜を渡しました。

赤い花

ドッキネッショルでアシャという名前の女の子が、茂みから美しい赤い花を摘んでいました。その葉はとても濃い色をしていました。その子は花を持って泣きながら、言い続けたのでした。「これはどういうこと！　どうしてこんなにきれいな赤い花に、こんなに濃い色の葉っぱがあるの？　ああ、神さま、あなたの創造のなんとすばらしいこと！」その子の涙をごらんになった師から「どうしたのかね？　どうして泣いているのだね？」とたずねられると、その子は説明しかねて、師がいろいろ言葉をかけて慰めるまで泣き続けました。

感謝

ドッキネッショルに住んでいた頃、私はジャスミンと赤いお花で七連の大きな花輪を作りました。石の器にためた水にその花輪を浸すと、つぼみがたちまち満開に咲いたのです。それから聖母像を荘厳するために、花輪をカーリー聖堂に持って行かせました。母カーリーが身に付けていた飾りは外されて、花輪で飾られたのです。

師が寺院にいらっしゃいました。花によっていっそう引き立てられたカーリーの美しさをごらんになると、たちまち法悦状態に入られました。そしてくり返しおっしゃいました。「ああ、聖母の黒い肌がこの花をすばらしく引き立てている！　だれがこの花輪を作ったのだね？」だれかが、私が作ったことをお伝えしました。師は「彼女を連れてきなさい」とおっしゃいました。私が階段の近くまでくると、数人の男性信者（バララーム・バーブ、スレン・バーブたち）がいました。私はひどく恥ずかしがりだったので、隠れたくなりました。召し使いのヴリンダーのかげに隠れると、寺院の後ろの階段から上ろうとしました。師はこれにすぐに気付かれて、大声で叫ばれました。「先日、漁師の女がその階段を上っていてすべったのだよ。骨を折るひどい目にあったのだ。こっちの正面の階段からきなさい」これを聞いた信者たちは、私のために場所を空けてくれました。寺院に入って行くと、師がうたっておられました。その声は愛と信仰に震えていました。

師の哀れみ

ある男には、めかけがいました。ある日この女が師のところにやってきて、悔やみごとを言いました。「あの男が私をめちゃめちゃにしたのです。そして私のお金も宝石も奪ったのです」師は人の心の奥底をお見通しでしたが、実際に彼らの口からすべてを聞き出そうとされました。「本当かね？だがあの男は信仰についてよく立派な話をしていたよ」と師がおっしゃると、とうとう女は自分の罪を告白して、報いから解放されたのでした。

神とマモン（富の神）

わが子よ、お金に何がありましょう。師は触れることもできませんでした。お金に触れると手がちぢこまってしまうのでした。ラムラル（シュリー・ラーマクリシュナのおい）におっしゃいました。「この世はまやかしだ。そうと知らなければ、私はカマルプクルの村を金箔で覆っていただろうよ。

だがこの世が無常だということはわかっている。神のみが実在だ」

聖なる援助

赤痢は軽視できる病気ではありません。師は特に雨期にはしょっちゅう赤痢に罹られました。かなり重症になられたこともありました。私がお世話して差しあげました。ベナレスからドッキネッショルにきていた女の人が、治療法を提案してくれました。彼女の指示に従うと、師はまもなく回復されたのでした。この後その女の人は見つかりませんでした。二度と会うことはありませんでした。本当に大きな力になってくれたのです。ベナレスで彼女のことをたずねてみましたが、見つけることはできませんでした。師が何かを所望されると、だれかがみずからドッキネッショルにやってきて、また同じように突然いなくなるのを、私たちはしばしば目にしたのでした。

幽霊の話

師がラカルを、シンティにあったベニー・パールのガーデンハウスに連れて行かれたことがありました。師が庭を散策しておられると、霊が現れて言ったのです。「どうしてここにいらしたのですか？　焼かれるような思いです。あなたの存在に私たちは耐えられません。すぐにここを出て行ってください」師のあれほどの純粋さと神聖さにどうして耐えることができたでしょうか。師はほほ笑んで立ち去りましたが、だれにもこのことはお話になりませんでした。

その夜はそこに泊まることになっていたにもかかわらず、夕食の直後、師は馬車を呼ぶように言い付けられました。馬車が到着して、師はその晩の内にドッキネッショルにお戻りになりました。門の近くで馬車の音が聞こえたので、私は耳をそばだてました。師がラカルに話されているのが聞こえたので、私は仰天しました。「お食事は召し上がったのかしら。もしまだなら、こんなに遅い時間にどこで食べ物を手に入れましょう」と思ったのです。私は貯蔵庫に少なくとも師のための穀粉は常備していました。時ならぬ時間に何か召し上がることがあったからです。でもその晩はすっかりお戻りにならないものと思っていたので、貯蔵庫は空っぽでした。寺院の庭園の門はすべて錠がかけられていました。夜中の一時だったのです。師は手を打ち鳴らすと、神の御名を唱え始められました。そしてしばらくすると、だれかが門を開けました。その間、もし師がおなかをすかせていらしたらどうしようかと思って心配していました。師は入っていらっしゃると、「食事の心配はするな。夕食は済ませたよ」と私に叫ばれました。それからラカルに幽霊の話をなさったのです。ラカルはおおいに驚いて言いました。「なんと言うことでしょう！　あのとき言ってくださらなかったのは、本当に賢明なことでした。そうでなければ、恐ろしくて歯がガタガタ鳴っていたことでしょう。今でもぞっとします」

シュリー・ラーマクリシュナの写真

師の最初のお写真は、何枚かが焼きつけられました。ブラーミンの料理人がその一枚を取りました。写真は始めはまるでカーリーの像のようにとても暗かったので、ブラーミンに与えられたのでした。その人がドッキネッショルを出て他の場所に行く時、(どこに行ったのかは思い出せませんが)、私にその写真をくれたのでした。私はそれを他の神々の写真といっしょにして、礼拝していました。当時私はナハヴァトの一階に暮らしていました。ある日師がいらして、写真をごらんになると、「やあ、これはいったい何だね?」とおっしゃいました。ラクシュミーと私は階段の下で料理をしていました。すると礼拝用にそこに置かれていたベルの葉と花を師が手に取られて、写真におささげしているのが見えました。師があの写真を礼拝されたのです。これがそのお写真です。あのブラーミンがもどってくることはありませんでした。それで写真は私の手もとに残されたのでした。

師のお姿はどのようだったか

師のお肌の色は、まるで黄金かハリタル(石黄)のようでした。腕につけておいでになった金のお守りの色と混ざりあって見えました。油をつけてお体をマッサージすると、全身から光沢を発するのがまざまざと見えました。ガンガーに沐浴するために師がゆっくりと降りてゆくと、人びとは畏敬の念に打たれて師をながめたのでした。そして師が寺院の部屋から出て行くと、人びとは列をなして立って、おたがいに「ああ、彼が行かれるよ」と言い合ったものでした。このようなことは、カマルプクルでも起こりました。男の人も女の人も、師がたまたま家から出て行くたびに、口をあんぐりとあけて師をながめたのでした。ある日師がブティルカルという名の運河の方に歩いて行かれると、そこに水をくみに行っていた女たちが、師をじろじろとながめて「師がいらっしゃったよ！」と言いました。師はうるさがられて、フリドエに「フリドゥ、どうかすぐに頭からベールをかけておくれ」とおっしゃいました。

師はかなり太っておいででした。モトゥル・バーブが低いスツール（背無しの座椅子）を差しあげました。わりあい幅のあるスツールでしたが、それでも足を組んで快適に食事するには大きさが足りませんでした。

私は、師が悲しそうにしておられる姿を見たことがありません。まるで五歳の子どもか老熟した人のように、師はどんな人といっしょにいても喜びに満ちあふれていました。わが子よ、私は師が不機嫌そうにしておられる姿を見たことはありませんでしたよ。ああ、なんと幸せな日々だったことでしょう！　カマルプクルで師はいつも朝早く起きられて、私に「今日はこれこれの料理を食べるぞ。どうか私のために料理を作っておくれ」とおっしゃいました。家の他の女の人といっしょに、私は指示通りにお食事を準備しました。何日かたって、師は「私としたことが、いったいどうしてしまったのだろうか？　眠りから覚めたとたん、『何を食べようか？　何を食べようか？』などと言っている」とおっしゃいました。それから私に対して「私は特定の食べ物に対する執着はない。おまえが作ってくれるものなら、なんでも食べるよ」とおっしゃいました。

とらわれのない心

ある日ハズラが師に、「どうしてあなたは、いつもナレーンドラや他の若者を恋いこがれておられるのですか？　彼らはあなたがいなくても、食べたり飲んだり遊んだり、自分たちでとても楽しくやっていくことでしょう。あなたは神に心を集中するべきです。なぜ彼らに執着なさるのですか？」と申しあげました。その言葉を聞くやいなや、師は若い弟子たちから完全に心を引き離し、神に対する思いに没入されました。そして、ただちにサマーディに入られました。ひげと髪はすっかり逆立って、まるでカダンバの花のようになりました。師がどんなお人だったか想像してごらんなさい！　師のお体はまるで木像のように硬くなったのですよ。師の身の回りのお世話をしていたラムラルが、何度も「師よ、もう一度もとの状態にお戻りください」と申しあげました。それでやっとのことで、師の心は通常の状態に降りてきたのです。師はただ、世間の人びとに対する哀れみの気持ちから、意識を物質の次元に止めたままにしておられたのです。

シュリー・ラーマクリシュナの放棄

あるとき、師に支給されるお金にまちがいがあったことがありました。私は、寺の責任者にこのことを話すよう師に申しあげました。でも師は、「恥を知りなさい！ どうして私が金の勘定のことで頭を悩ませなければならないのかね？」とおっしゃいました。またあるとき師は私に、「神の御名を唱える者は、決して困窮することはない。おまえについては言うまでもないことだ」。これは師からじかにおうかがいしたお言葉です。放棄は、師を荘厳する飾りでした。

＊　＊　＊

師に避難しさえすれば、あなたはすべてを得ることができるでしょう。放棄こそが師の栄光でした。私たちが師の御名を唱えて食べたり楽しんだりできるのは、すべて師の放棄のおかげです。師があのような完璧な放棄の人であったので、人びとは彼の信者たちも偉大であるだろうと考えるのです。

そうそう！ あるとき師がナハヴァトの私の部屋においでになりました。彼のお部屋の薬味入れの小さな袋が空になっていたのです。彼はよく薬味をかんでおいででした。私は薬味をさしあげ、ほかにもお部屋に持っておいでになるよう、小さな紙包みをいくつかお渡ししました。彼は帰ろうとなさいました。でも部屋の方へ行かずに、まっすぐにガンガーの堤防へ向かわれました。意識がもうろうとして、道がわからなくおなりになったのです。そして、「母よ、私は川に身を投げましょう！」とくり返しおっしゃいました。私は狂わんばかりに心配になりました。川は満潮でした。そのころ私はまだ若い女性でしたから、部屋から外に出ることはしませんでした。近くにはだれもいません。だれを師のところにやればよいものか？　やっとカーリー聖堂のブラーミンが私の部屋のほうにくるのを見つけ、彼にフリドエを呼んでもらいました。ちょうどお昼ご飯を食べていたフリドエは、食事を残してすぐさま師のもとに駆けつけました。そうして彼が師をお部屋へお連れしたのです。もう少し遅かったら、師はガンガーに落ちておられたでしょう！

私が師に薬味の入った紙包みを持たせたので、どうして良いかわからなくなられたのです。聖者はものを蓄えてはいけません。彼の放棄は一〇〇パーセント完璧だったのです。

＊　＊　＊

あるときヴァイシュナヴァの修行僧が、パンチャヴァティにきました。彼ははじめのうちは、まったく何物にも執着するようすがありませんでした。ところが、ああ、なんということでしょう！　最後にはねずみのように、いろんなものをため込みはじめました。ポットにカップに鍋に、穀物やお米や豆類などなど。師はそれに気づいて、ある日、「なんとあわれな奴！　これで彼もおしまいだ」とおっしゃいました。彼はマーヤーのわなに落ちかけていたのです。師はその修行僧に、放棄のことを強く助言され、さらにここから立ち去るようにおっしゃいました。そのすぐ後に彼は出て行きました。

師の信者に対する愛

バララームの奥さんが病気になったとき、師は私に、「カルカッタに行って、彼女を見舞っておいで」

とおっしゃいました。私は「でも、どうやっていくのですか？ ここには乗り物が見あたりません」、と申しあげました。すると師は声を強めて、「何だって？ バララームの家族がこんなに困っているというのに、行きたくないというのかね！ カルカッタまで歩いて行きなさい、歩いて！」とおっしゃいました。結局、かごが呼ばれて私はドッキネッショルを出発しました。彼女が病気の間に、私は二度彼女を見舞いました。別の時、私はシャーンプクルから歩いて行きました。

＊　＊　＊

若い方のナレンは、よく師のところにきていました。やせて色黒で、顔は疱瘡《ほうそう》の傷あとで覆われていました。師は彼をとても愛しておられました。パトゥとマニンドラが師のところにやってきたとき、二人はまだほんの子どもで、一〇歳か一一歳でした。一度コシポル・ガーデンで人形祭り（クリシュナゆかりの春のお祭り）の日に、みんな外で楽しそうにアビール（赤く染められた粉）をたがいにかけ合ってお祭りを祝っていたのに、この二人の少年たちは外に出て行こうとしなかったことがありました。二人はしょっちゅううちわを持つ手を持ち替えながら、二人で師をあおぎはじめたのです。二人はとても小さかったので、一人ではあおげませんでした。二人は師の足のマッサージもしました。師はせきのためにひどい頭痛で苦しんでおられ、ずっとあおいでもらう必要があったのです。

師は二人に「行きなさい、いってアビールで遊んでおいで。ほら、みんな外で楽しんでいるではないか！」とおっしゃいました。パトゥは「いいえ、師よ、僕たちは行きません。ここにいます。どうしてあなたを放って行くことなどできますか？」と答えました。

彼らは決して出て行こうとはしませんでした。師は、涙を抑えることができませんでした。そして、「ああ、彼らは私の世話をするためにここにやってきたラーム・ラーラ（童子ラーマ）だよ。ほんの子どもなのに、祭りを楽しもうともせず、私をおいて出て行こうとしなかった！」、とおっしゃいました。

師の病の意味

病気のときに、師はアムロキの実を食べたいという望みをうちあけられました。ドゥルガー・チャランが三日三晩寝食を忘れて探し回って、ようやく何個か手に入れました。それで師は彼に食事を取るようにおっしゃり、食事がプラサードとなるよう、自分で少しだけお米を口にされました。私は師に、「お米を随分お召し上がりになるのですね！　それでは、でん粉のプディングだけをお召し上がりになるおつもりですか？　プディングよりも、もっとご飯の方を召し上がってください」と申しあげました。師は、「いやいや、人生の最期の日々は、むしろでん粉の方を食べるよ」とおっしゃいました。でん粉をお食べになることさえも、師には耐えがたいほどのひどい苦しみだったのですよ！　しょっちゅう師は鼻からでん粉を吐きだしてしまわれました。

師はいつもこうおっしゃっていました。「私は、おまえたち皆のために苦しんでいるのだよ。私は全世界の不幸をこの身に引き受けたのだ」と。師は、ギリシュの罪をお引き受けになって病気になられたのです。

カルマの影響

カルマ（行為）だけが私たちの不幸と幸福の原因です。師でさえも、カルマの影響を受けなければなりませんでした。あるとき、師のお兄さまが意識がもうろうとしているときに、水をお飲みになりました。師はお兄さまが水を少し飲まれた後に、コップをお兄さまから取りあげました。お兄さまは怒って、「おまえは私が水を飲むのを邪魔したな。おまえも同じように苦しむだろう。おまえものどに痛みを感じるだろう」とおっしゃいました。師は、「兄さん、ぼくは兄さんに害を加えるつもりはありませんでした。兄さんは病気で水は兄さんの体に悪いのです。だからコップを取りあげたのです。それなのに、どうしてそんな風にぼくに呪いをかけるのですか？」とおっしゃいました。お兄さまは泣きながら、「弟よ、私はそのことを知らなかったのだ。これらの言葉は私の口からもれてしまった。実を結ばないわけにはいかないだろう」とおっしゃいました。師がご病気の時に、師は私に「この喉の潰瘍は、あの呪いによってできたのだよ」とおっしゃいました。私は師に、「もしそんなことがあなたの身の上に起こってしまうのなら、普通の人はどうやって生き長らえることができましょうか？」とお答えしました。師は、「兄は心正しい人だった。兄の言葉は必ず実現するのだ。

だれの言葉でもこのように実現するものなのかね？」とおっしゃいました。

カルマの結果を避けることはできません。でも、神の御名をくり返し唱えることによって、その強さを弱めることはできます。もしすきの刃ほどもある大きな傷を負わなければならない運命であったとしても、針で刺した程度のわずかな傷で済むでしょう。カルマの影響は、ジャパや苦行を行うことで、かなりの程度打ち消すことができます。

ある事故

師は少年たちといっしょに、いつもおおいに楽しんでおられました。ナレン（スワーミー・ヴィヴェーカーナンダ）やバーブラーム（スワーミー・プレーマーナンダ）は、おなかの皮がよじれるくらい笑って地面を転げ回っていましたよ。一度、コシポル・ガーデンに住んでいた時に、私は大きなおわんに入れたミルクを運びながら階段を上っていたら、めまいがして倒れてしまったことがありました。ミルクはぜんぶこぼれ、かかとを脱臼してしまいました。ナレンとバーブラームがかけつけて介抱してくれました。足がひどくはれ上がってしまいました。師は事故のことをお聞きになり、バーブラームに「さて、バーブラームよ。たいへん困ったことになったねえ。だれが私の食事を作ってくれるのだろうか？　だれが私に食べさせてくれるのだろうか？」とおっしゃいました。師は当時、のどにできたガンを病んでいて、でん粉のプディングだけで命をつないでおられました。私がお食事をお作りし二階に持ってあがって、師に召し上がっていただいていたのです。当時私は鼻輪をつけていました。師は私のことを示すために、鼻のところで指で輪を作りました。それから、「バーブラームよ、（鼻のところで指で輪を作りながら）彼女を籠に入れて肩にのっけて、この部屋まで連れてきてくれないか」とおっしゃいました。ナレンとバーブラームは身もだえし、おなかの皮がよじれるくらいに大笑いしました。このように、師は彼らにいつも冗談をおっしゃっていました。三日後に足の腫れがひき、二人は、私が二階に食事を持って上がるのを手伝ってくれました。この間の三日間は、ゴラープ・マーがプディングを作り、ナレンが師にお食事を差しあげました。

肉体と魂

すべては――夫も妻も、この肉体でさえも――ただの幻に過ぎません。これらはすべて幻という足かせなのです。こうした束縛からあなた自身が自由にならない限り、決してこの世を超えて向こう岸に渡ることはできません。肉体に対する執着、つまりこの肉体を自分自身と同一視することでさえ、捨て去らなければなりません。子どもよ、この肉体とはなんでしょうか？　火葬されれば、たった一・四キロの灰に過ぎなくなります。なぜそんなものに、そんなにうぬぼれたりするのですか？　この肉体がどんなに頑丈でも、またどんなに美しくとも、最後には一・四キロの灰になります。それなのに人びとは、そんなものに強く執着しているのです。神に栄光あれ！

師はよく、「じゃ香はシカのへそで作られる。じゃ香のにおいに魅せられて、シカはあちこち走り回って探している。シカは、においがどこからくるのか知らないのだ。同じように、神も人間の肉体に宿っておられるのに、人はそのことを知らないのだ。だから人は至福がすでに自分の内にあるということを知らないで、至福を求めてあらゆる場所を探し回る。神のみが実在であり、他のすべては偽りである」とおっしゃっていました。

ただただ修行せよ

神のみ姿を毎日見ることができるでしょうか？　師は、いつも「釣り人が、毎日釣りざおを持って座ったら、すぐに大きなコイを釣りあげることができるかね？　彼は、準備万端を整えて、釣りざおを持って座って集中するだろう。ときには大きなコイが釣りばりに食いつくことがあるかも知れない。けれども、ほとんどの場合は失望しているのだ。そんなことで修行をやめてはいけない」とおっしゃっていました。もっとジャパをおやりなさい。

子どもよ、あなたはどうしてそんなに落ちつきがないのですか？　なぜあなたが持っているものに集中できないのですか？　いつも覚えておきなさい。「私はもし何も持っていないとしても、少なくとも母がいる」と。師のお言葉を覚えていないのですか？　師は、師に避難する者すべてに、――

少なくとも人生最期の日には——お姿をお見せになるとおっしゃったのですよ。

私は、すべての家で礼拝されるようになる

師がコシポルで病気のために寝ておられたとき、何人かの信者が、ドッキネッショルの寺院に、カーリーのためのささげものを持ってきたことがありました。師がコシポルにおられると聞いて、信者たちは師の写真の前ですべてのささげものをささげ、ささげた食べ物をプラサードとして食べました。師がこれを聞かれたとき、師は、「すべてこれらのことは、宇宙の偉大な母が起こしたことだ。彼らはここ（師ご自身のこと）にささげものをささげたのだ」とおっしゃいました。私はこれを聞いてとても怖くなり、思いました。「師は今、命にかかわる病気にかかっておられる。何が起こるかだれにもわかったものではない。それなのになぜ彼らはそんなことをしたのでしょう［５］？」と。

師もこのでき事のことを、何度もくり返しお話になられました。後に、夜遅く師は私に、「時がたてば、どのように私があらゆる家で礼拝されるようになるか、君は見ることになるだろう。皆これ（師ご自身のこと）を受け入れるのを、君は見ることになるだろう。このことは必ず起こる」とおっしゃいました。師がご自身のことを第一人称名詞でおっしゃるのは、この日のことだけでした。いつも師はご自身のことを、「私は」「私の」とはおっしゃらず、自分の体を指して、「この鞘《さや》」とか「ここに属するもの」とおっしゃっていました。

渇望とヴィジョン

神に真剣に祈る者は神を見ます。信者の一人、テジャチャンドラ・ミトラが亡くなりました。彼はなんと誠実な魂だったことでしょう。師は、しょっちゅう彼の家を訪れられていました。ある人が、テジャチャンドラに二〇〇ルピーを預けました。ある日彼は、そのお金を路面電車に乗っていたときに盗まれてしまいました。しばらくたって盗まれたことに気がつき、彼はひどく苦しみました。彼はガンガーの岸辺にきて、目に涙をため、師に「ああ、主よ、あなたは私になんてことをしてくれたのですか？」と祈りました。彼はそのお金を自分で弁償できるほど裕福ではありませんでした。彼がそんな風に泣いていると、師が彼の前に姿を現し、「なんでそんなにひどく泣いているのかね。お金はあそこのガンガーの岸辺に置いてある、レンガの下にあるよ」とおっしゃいました。テジャチャンドラは急いでレンガをどかし、本当にそこに札束があるのを見つけたのでした。彼はこのでき事をシャラト（スワーミー・サーラダーナンダ）に話しました。シャラトは、「君は今でも師のヴィジョンを見ることができて幸せだ。でもわれわれは、師のヴィジョンを見ない」と言いました。なぜシャラトやシャラトのような他の者が、もう師のお姿を見ないのでしょうか？　彼らは師を存分に見てきたので、願望がすべて成就したからなのですよ。

師のお姿

師が亡くなられたとき、私も肉体を捨てたいと思いました。すると師が私の前に現れて、「いや、おまえはここに残らなければならない。やるべきことはたくさんある」とおっしゃいました。後に、私自身本当におっしゃる通りであることがわかりました。私にはやるべきことが非常にたくさんあったのです。師はいつも、「カルカッタの人びとは闇の中を虫ケラのようにはいずり回っている。君が彼らを導くのだ」とおっしゃっていました。師は、自分はあと何百年かは信者のハートに精妙な身体で住まう、とおっしゃっていました。師はさらに、自分はたくさんの白人の信者を持つだろうともおっしゃっていました。

師が亡くなった後、私ははじめのうちはとても恐れていました。というのは、私は細い赤いふち取りの入ったサリーを着て、手首には金の腕輪をしていたので、世間の人たちが私を批判することを心配していたのです［6］。ある日師が姿を現され、キチュリ（米とレンズ豆のおかゆ）が食べたいとおっしゃられました。私は料理を作り、それをお寺に祭られているラグヴィール［7］にささげました。それから私は心で師に給仕したのです。

ブリンダーバンに向かう途中、私は電車の客室の窓に師のお姿を見ました。師は私に、「お守りをなくさないようによく見張っていなさい」とおっしゃいました。師は私に、師ご自身のお守りをくれ、私はそれを腕にはめていました。後に私は、お守りをベルル・マトに寄進し、そこで皆がお守りを礼拝しています。

いつの時代でも、私はもどってくる

師は一〇〇年後にふたたび生まれ変わる、それまでの間は、師のことを愛する信者たちのハートにお住みになるとおっしゃいました。ドッキネッショルの半円形のベランダで、師は北西の方角を指してこのようにおっしゃったのですよ。私は師に、私は生まれ変わるわけにはまいりませんと申しあげました。ラクシュミーも、もしタバコの葉のように細かく切り刻まれようとももどってはこないと言っていた、と申しあげました！　師は笑って、「どうしておまえたち、ふたたびくることを避けることができようか。私たちの根っこは、カルミ草（池の表面に育つ、つる植物）のようにからみ合っているのだよ。茎を一本引っ張れば、群れが丸ごと動くだろうよ」とおっしゃいました。

師はいつも、「おまえたちはマンゴーを食べに果樹園にきたのだ。けっこうなことだ。食べて楽しんで立ち去るがよい。枝が何本あって、葉っぱが何枚あるかなど、おまえたちにはなんの関係もないことなのだよ」、とおっしゃっていました。

［1］シュリー・ラーマクリシュナの誕生に先立って、師の父はガヤーでヴィシュヌのヴィジョンを見たと伝えられている。ヴィシュヌは、彼の息子として生まれることを告げたのである。そのため、シュリー・ラーマクリシュ

ナがガヤーを訪れるなら、ガヤーとの霊的関係に圧倒されるということもあり得ただろう。ガヤーはブッダとチャイタンニャにとっても人生の転換点となった場所だった。

［2］これは、ホーリー・マザーを聖なる母の現れとして師が礼拝されたことに触れている。

［3］ベンガル語には、二人称代名詞に三つの形がある。目上の人には〝アプニ〟が用いられる。同格、同年の人には〝トゥミ〟が使われる。しかし無遠慮な〝トゥイ〟は年下や召し使いなどに対してのみ用いられる。そのため師がもしも故意に〝トゥイ〟を使われたのならば、礼を失することになったのである。

［4］現在この写真は、カルカッタのウドボダンにあるホーリー・マザーの家で祭壇に祭られている。

［5］神へのささげものを人に捧げるのは、冒涜的な行為である。だから、こうした行為が何か不幸をもたらすかも知れないことを恐れたのである。

［6］ヒンドゥの寡婦は、伝統に従えばふち取りなしの白いサリーを着て、装飾品は身につけない。最初はホーリー・マザーもこの習慣に従おうとされたが、シュリー・ラーマクリシュナが御姿を現され、彼女に自分は本当は死んでいないのだから習慣に従うな、と話されたのである。

［7］カマルプクルのラーマクリシュナの家の守り神。

［出典：：In the Company of Holy Mother, by Her Direct Disciples (Calcutta: Advaita Ashrama), 1980; Sri Sarada Devi, The Holy Mother, by Swami Tapasyananda & Swami Nikhilananda (Madras: Sri Ramakrishna Math), 1958］

ラクシュミー・デーヴィー

第二章　ラクシュミー・デーヴィー

ラクシュミー・デーヴィー（一八六四～一九二六）は、シュリー・ラーマクリシュナの兄、ラーメシュワルの娘である。彼女は結婚後ほどなく未亡人となり、シュリー・ラーマクリシュナとホーリー・マザーといっしょに暮らすためにドッキネッショルにやってきた。彼女は後半生、大勢の弟子たちを引き付け、彼らを師の逸話や教えで鼓舞した。

ドッキネッショルで、私たち（ホーリー・マザーとラクシュミー）はナハバト（寺院の庭にある小さな音楽塔）に住んでいました。師が訪問者に私たちのことを示そうとされるときには、師は鼻の上に指で輪を作られました。というのは、マザーは、鼻輪をつけておられたからです。師は、ナハバトのことを鳥かご、私たちのことをシュク・サリ（インドの民話に出てくる二羽の鳥で、クリシュナの栄光をたくみに物語る）、とおっしゃったものでした。聖なる母にささげられた果物やお菓子のお下がりが師のもとに届けられたときは、兄のラムラルに、「鳥かごに二羽の小鳥がいることを忘れないでおくれ。果物と豆を与えてやっておくれ」と催促されました。新参者は、師のお言葉を文字通りに受け止めていました。マスター・マハーシャヤ（「ラーマクリシュナの福音」の記録者）でさえ、最初はそうだったのですよ。

村の女たちが、よくマザーのところを訪れていました。そして、師はときどき彼らの会話をふと耳にすることがありました。あるとき師はマザーに、「これらの女たちがやってきて、がちょう池のまわりをぶらぶらしている。私を見ながら、女たち同士で話をはじめたのだよ。私は彼女たちが何を話しているのかが聞こえたのだ。彼女たちは、『この男は善人だよ。でも、一つおかしなところがある。彼は奥さんと、夜いっしょに寝ないんだよ』と言っていた。どうか彼女たちの話に注意を払わないでおくれ。彼女たちは世俗的な女だ。彼女たちは私の心を、策略や薬を使って、どうやって世間の方にそらすか教えるかも知れない。どうか彼女たちの助言に従わないでおくれ。私は自分を、神に完全にささげているのだ」とおっしゃいました。マザーは当惑されて、「いえいえ、私は彼女たちの言うことを気にとめたりはしませんよ」と請け負われました。

どうしてあのちっぽけなナハバトの部屋で暮らしていけたのだろうかと、私はときどき不思議に思います。これも、師の神聖なお遊びだったのですよ！　普段はこの部屋は、ホーリー・マザーと別の少女と私が使っていました。ときどきは、ゴラープ・マーとカルカッタからきた他の女性信者たちが、私たちといっしょに泊まりました。ゴラープ・マーはとても大きな女性でした。その上、食料雑貨類、調理用の器やお皿、それに水差しさえもその部屋にありました。師は胃腸が弱かったので、特製料理のための食材も蓄えておかなければなりませんでした。

師は、夜あまり長くは眠られませんでした。まだ外が暗いうちに寺院の庭を散歩され、ナハバトの近くを通ると、師は「ラクシュミー、ラクシュミー。起きなさい。おばさんにも起きるよう言いなさい。いったいいつまで寝ているのかね。もうそろそろ夜明けだよ。カラスやカッコーが鳴き始めるよ（これは、熱帯国における夜明けの前兆である）。聖母の御名を唱えなさい」と呼ばれたものです。

冬に師が私を呼ばれると、ときどきマザーは掛け布団の下に横になって、私に「静かにしていなさい。彼は眠りなんか目に入りません。入らないのです。まだ起きる時間ではありません。鳥もまだ鳴き始めていないでしょう。答えないようにしなさい」とささやかれました。けれども、師は何も返事がないと、ドアの下から水をそそぎこまれました。私たちは床に寝ていたので、すぐさま起きなければならなかったのです。そのようにしても、私たちのベッドはときどきぬれてしまいました。

師は、体からでる過度の熱で、前髪の一部をなくされました。そして、髪の一部とひげは灰色になりました。師は、決して年寄りになって長生きしたいなどとは思われませんでした。師は、「私は人びとが、ラスモニの寺院の庭に『年寄りの僧』がいる、などと言うことを聞きたくはない」とおっしゃったものでした。マザーは、「そんなことおっしゃらないでください。あなたは年をとってはいませんよ。あなたは、もうこの世を去るくらい十分に年をとったとお考えなのですか？　それに、もしあなたが、ここに年をとった僧として住むようなことがあれば、人びとは、ラスモニのカーリー寺院に『賢い僧』が住んでいるということでしょう」、と答えられました。師は、「ふう、だれが私のことを賢い僧だなどと呼ぶのかね？　いずれにしても、私は、だれかが私のことを『年寄り』と呼ぶことには耐えられないのだ」。

短い結婚生活の後、私は未亡人になり、父の家に戻りました。当時、私は美しい少女でした。ある日師が私に、「家で宗教上の義務を果たし、修行を行いなさい。聖地に一人でいってはいけないよ。だれがおまえを傷つけるかわかったものじゃないよ？　おばさんといっしょに住みなさい。この世の人生は安全なものではないのだ」、とおっしゃいました。

師が故郷の村にいらっしゃったとき、毎夕、師は、道を通りすぎる人びとをながめるために、師の両親の家のドアのそばに座っていらっしゃいました。女性たちは皆、水を貯水槽から運ぶためにその道を通らなければなりませんでした。女性たちはつぼを運んでいましたが、ドアのところにいる師を見ると、つぼを脇に置いて、正面の小さな中庭に座り、師が語る神の話や賛歌を聞いて、喜びのあまり一切を忘れたものでした。彼女たちが自分の義務をおろそかにしていないかと心配して、師は彼女たちにたずねました。ある少女は、「私は雌牛を飼っています。あなたがいらっしゃると聞いて、私はひと月持つくらいわらをたくさん刈っておいたので、部屋はわらでいっぱいです」と言いました。別の少女に対して、師は、「赤ちゃんはどうしたのだい？」とたずねました。彼女は、「おお、忘れていました！　私は赤ちゃんをお隣さんにあずけたままです」と叫びました。師にお会いするために、彼女は一・六キロ以上歩いてやってきたのです。

ある日師は、女性たちに、「さて、今日はあなた方がうたわなければならないよ。私は聴こう」とおっしゃいました。彼女たちは皆黙っていました。だれ一人あえて音をたてようとはしませんでした。しかし、そこに一人の少女がいました。師はその少女をとても愛していたので、彼女の姿が見えないときは、いつも彼女を呼びにやったほどでした。彼女はだれもうたおうとしないのを見て、か細く甲高い、震えた声で歌をうたいました。少女たちは皆彼女を見て笑いはじめましたが、彼女がうたい終わったとき、師は大喜びしました。「ごらん、彼女の信仰のなんと偉大なこと」、と師は叫びました。「私が頼んだだけで、彼女はこんなに素直に、飾ることなくうたったのだ。あなた方の中で、彼女だけが真の信仰を持っている」。

師は、恥を知らないふしだらな女性を見ることに、耐えられませんでした。師はマザーに、「彼女たちのようになってはいけないよ。彼女たちは片足をベルの木の下に、もう片足をバンニャンの木の下に置いている。彼女たちの態度は恥知らずだ。つつましさが女性の身にまとう飾りなのだ」とおっしゃいました。

チヌ・シャンカリは、師の少年時代の友人で、カマルプクルではよく知られていました。彼は、敬虔なヴァイシュナバ（ヴィシュヌ神の信者）で、霊的な修行によって、ある種の超能力を身につけていました。彼は、師を抱いて、「ガダイ、ぼくは君を見ていると、ゴウランガのことを思いだすのだよ」と言ったものでした。何人かのカマルプクルの隣人たちがガンガーで沐浴するためにドッキネッショルに行ったとき、彼らは師に、チヌの超能力について話をしました。彼らが言うには、ある日、ある客人がチヌの家にきて、魚にマンゴーをそえた、すっぱい料理が食べたいと言って、食事を求めました。マンゴーの季節ではなかったので、チヌはたいへん心配し、客人の望みがかなえられますように、と神に祈ったのでした。最後の最後になって、思いもかけず、また不思議な経緯を経て、彼はマンゴーを手に入れることができ、たいへん喜んで客人に食事をだしました。

師は、その話を聞いて、カマルプクルに行ったときに、チヌにおっしゃいました。「恥を知れ、恥を。おまえの超能力など、汚らわしい。二度と使ってはいけないよ。人びとは、おまえを利用しようとして、おまえが霊的な生活を送ろうとするのを邪魔するだろう。そんな力に決して注意を払ってはいけないよ。さもないと、おまえの心は、低い状態に転落するだろう」

師は、プリを決して訪問されませんでした。ある日、バララーム・バーブが主ジャガンナートのプラサードを持ってきました。師は、それに頭で触れ、主におじぎされました。彼は、それで忘我の状態になりました。しばらくして、彼はおっしゃいました。「私は、ジャガンナートの宮殿に行ってきた。そこは、すべてが偉大で広大だった。――広大な大洋と、長く、広い道があった。もし、この体がそこに行くと、これはもどってこないだろう」

私がマザーといっしょにドッキネッショルにいたとき、彼女は、師がマントラを彼女の舌にお書きになられた、と言いました。そして、私にも同じことをしていただくよう、師に頼みなさい、と勧められました。私は、「私はとても内気なので、師に頼むことができないわ。部屋にはあんなにいっぱい人が訪れているのですから」と言いました。

それから別の日に私は師のところに行き、お辞儀をしました。私は何も申しあげませんでしたが、彼はみずから「おまえは、どの神様をもっとも愛しているかね?」とおっしゃいました。私は喜んで、「ラーダークリシュナ」と答えました。それで彼は私の舌にマントラを書かれました。私はトゥルシの実でできたじゅずを首に巻いていました。カマルプクルのラーハ家のプラサンナねえさんが、そのじゅずが私にとても似合うから、と言ってくれたのでした。

それより少し前に、マザーと私は、スワーミー・プールナーナンダという年取った僧から、聖母の礼拝の仕方を教わっていました。彼は、たいそうすてきな人物であり、たいへんおだやかで物静かでした。マザーがそのことについて師に申しあげたところ、師は、「それはそれでけっこうだ。私は、ラクシュミーにふさわしいマントラを授けたのだ」、とおっしゃられました。

私がドッキネッショルにいた間、私はときどきマザー・シータラーのことを思いだしていました。マザー・シータラーは、聖母のもう一つの生まれ変わりであり、わが家の神々の一柱でした。当時は、もしお菓子が師にささげられたら、師は、「このお菓子をラクシュミーに食べさせなさい。それは、マザー・シータラーへのすばらしい捧げ物になる。なぜなら、ラクシュミーは彼女の一部なのだから」とおっしゃったものでした。一度、師はギリシュさんにも、そのようにするよう、頼まれたことがありました。

部屋でキルタン（しばしば踊りを伴う信仰歌）がうたわれるときはいつでも、師は兄のラムラルにナハバトの方向に面した戸を開けるように頼まれました。師は、「献身と至福の流れが、ここから流れだしている。もし、彼女たちが見聞しなかったら、どのようにして学べばよいのだろうか？」とおっしゃったものでした。マザーは、竹でできたすだれに小さな穴を開けてそこからながめていらっしゃいました。そうすることで、彼女は幸せになったのでした。ときどき師は笑いながら、「ラムラル、おまえのおばさんがすだれに開けた穴は、だんだん大きくなっていくねえ」とおっしゃられました。

師はよくマザーと私に、ラーマーヤナやマハーバーラタに出てくるナラ王の物語などを話してくださいました。そして、それから私たちが物語を理解しているかどうかを確かめるために、私たちに質問をされたものでした。師は、さらに、私に物語をくり返させたものでした。そして、後で満足して、「だから私はおまえのことを『シュク（オウム）』と呼んでいるのだよ」とおっしゃったものでした。

師はいつも、私たちが霊性の修行を行うことを推奨されました。師は私たちに、「絶えまなく祈りなさい。誠実でありなさい。霊性の修行のことを、他の人に見せてはいけないよ。もし人の性格がよくなければ、ジャパムを行っても、なんの益があるだろうか？　若い女性は、とても注意深くなくてはならない。純粋でありなさい。木は根を通して地中から人知れず水を吸いあげる。同様に、ある人びとは宗教的な性質を人に見せるが、ひそかにみだらな事を楽しんでいる。偽善者になってはいけないよ」とおっしゃられたものでした。

あるとき、師は私に、「もしおまえが神のことを思っていられない場合は、私のことを思いなさい。それで十分だ」とおっしゃいました。

生涯を通じて、師は消化不良に悩まされました。おばあさん（シュリー・ラーマクリシュナの母親）がドッキネッショルに住んでいたときは、師は彼女に毎日ごあいさつをされていました。おばあさんは、大きな女性でとても美しかったのですが、とても昔かたぎで、内気でした。一番末の息子（シュリー・ラーマクリシュナ）の前でさえ、彼女はベールを顔にかけていたものでした。彼がくると、彼女は、「おなかの具合はどう？」とたずねたものでした。師は、「あまりよくありません」と答えられたものでした。おばあさんは、それで「マザー・カーリーのプラサード（とてもからい食べ物）を食べないようにしなさい。おまえの胃がよくないのだから、おまえの奥さんがおまえのために、あっさりしたスープとライスを作ってくれるでしょう。どうか、それだけを食べるようにしてくださいね」、とアドバイスしたものでした。

ときどき師は、いつも病人食ばかり食べるのに食べ飽きて、母親に一品か二品、カマルプクルのいつもの味付けで料理を作るよう、頼まれたものでした。そういうわけで、おばあさんはときどき師のために料理を作り、師はそれを楽しんでいました。

師はいつも女性が料理を作ることを奨励されました。師はいつも、「料理を作ることは、心にとってよい時間のすごし方だ。シーターは料理が上手だった。ドラウパディもパールヴァティもそうだった。聖母ラクシュミー（幸運の女神）は、自分で料理を作って他人に振るまっていた」とおっしゃったものでした。

上の二人の息子を亡くしてから、おばあさんは幾分活気がなくなり、引きこもり勝ちになりました。その上、おばあさんは、アラムバザールの麻工場の昼の警笛を聞くまでは昼ご飯を食べないのでした。警笛がなるやいなや、おばあさんは、「あら、天の警笛の音だわ。ラクシュミーとナーラーヤナにお食事を差しあげる合図の音だわ」と叫んだものでした。けれども、日曜日は、麻工場が休みなので、問題が起きました。昼の警笛の音が鳴らないので、おばあさんは食事をしなかったのです。このことで、師はたいへん悩みました。そして、「ああ、なんと言うことだろう！　私の年老いた母親は、今日、食事を取らないで、弱ってしまうだろう」となげかれたものでした。兄のフリドエが師に、「おじさん、心配は要りませんよ。おばあさんは、おなかがすいたら、自分でご飯をお食べになりますよ」と言うと、師は、「それは違うよ。私は、息子だ。年老いた母の面倒を見るのは、私の義務だ」と答えられたものでした。師はおばあさんをどうにか説得して、クリシュナのプラサードを食べさせたものでした。

ある日、兄のフリドエは、パイプを吹いて高い音をだしました。それからおばあさんに、「ほら、おばあさん、天の警笛の音が聞こえませんでしたか？　さあ、食事をしてください」と言いました。けれども、おばあさんは笑って、「いいえ、あなたがパイプで音をだしたのよ」と答えたものでした。みんな、笑いました。

おばあさんが亡くなったとき、師は泣きました。

マザーは、師の食事をいつも部屋に運んでいました。彼女を指さして、師はときどき冗談っぽく「幸いにも、私にはこの木の木陰がある。さもなければ、だれが私のために食事を用意してくれるかね？　自分の着るものさえちゃんと着ていられない男が、結婚しているのだよ！」とおっしゃられたものでした。

ある日、私はマザーといっしょに師のところに食事をお運びしました。部屋にいっしょにいたラカルや他の者は、私たちだけを残して、すぐに部屋を離れました。師はベッドに横たわってサマーディに入っておられました。けれども、まったく生気がないように見えましたので、師の健康のことをずっと案じていらっしゃったマザーは、師が肉体を離れられたと思って泣き始めました。それから彼女は師がかつて、師がこのような状態になったところを発見したら、彼女が師の足に触れれば師を連れもどすことができる、とおっしゃっていたことを思いだしました。それで彼女は師の足をマッサージし始めました。ラカルと他の者は、泣き声を聞いて急いで部屋にもどってきました。それから彼らも師を勢いよくマッサージし始めました。

これで師は意識を取り戻され、目を開けました。師は驚いて、何が起こったのかおたずねになられました。そして皆の恐れを理解されてほほえまれ、それから、「私は白い人びとが住んでいる国にいた。彼らの肌の色は白くて心も白い。そして彼らは、素朴で誠実だ。そこはとても美しい国だ。私はそこに行くことになるのだと思う」とおっしゃいました。マザーはとても心配そうに、「でもそこに行ったら、あなたはとてもおなかがお空きになられますよ」と答えられました。それで、師はひたいを手で二、三回たたいて、マザーに、「ああ、おまえはとてもおばかさんだね！　おまえは何にも知らないのだ」とおっしゃいました。

ある晩、師はラーダーの霊的ムードで満たされ、自分が彼女になったと強くお感じになられて、クリシュナに会いに木陰に行こうと決められました。部屋を出て、彼はバラ園に入られました。彼は外界の意識は持っておられませんでした。彼はすぐにバラのやぶに捕まってしまい、とげで体中あちこちにひっかき傷ができてしまいました。そして、そこに彼は立っていたのです。夜の見回りの者が師を見つけて、私たちを起こしました。すぐに私は寺院の管理人のところに行き、そこから師を連れだしました。他の大勢の人も、物音で目を覚まし、まわりに集まってきました。マザーもそこにきて、泣きだしてしまいました。彼女が大勢の人の前に姿を見せたのは、これが初めてでした。師が部屋に運びこまれたとき、師は、「私は木陰に行く。なぜじゃまをするのですか？　行かせてください」とおっしゃいました。このことがあってから、マザーと私は師の部屋で眠るようにしました。けれども二、三日たつと、師は私たちに、「おまえたちはどうしてこんな具合にして悩ますのだ？　今の時期はとても暑い。おまえたちは、ナハバトで眠る方がよいだろう」とおっしゃいました。私たちはその通りにしました。

あるとき師は私に、マザー・カーリーのプラサードを少し食べるように言われました。私は魚の切れはしを食べるのは気がすすみませんでした（ヒンドゥ教徒の未亡人は、厳格な菜食主義者である）。師は、私に、「これはプラサードなのだよ。ためらわないで食べなさい。もし私の言うことを聞かないと、また生まれ変わってこなければならないよ。もしかしたら醜い太った夫と結婚して、おまえの意志に反して世俗の生活をすごすことを強いるかも知れないよ」とおっしゃいました。私は「わかりました。私は二度とマーヤーに巻き込まれたくはありません。たぶんこの菜食でないプラサードをいただく方がよいでしょう」と言いました。

師は、信者のことをどれほど愛していたでしょうか！　あるとき、バララーム・バーブが奥さんと子どもたちを連れてドッキネッショルにいらっしゃいました。彼らは師をしばらくの間お訪ねし、午後には皆カルカッタに向かって出発しました。師は自らチャンドリ・ガート（船着き場）に彼らを見送りに行かれました。彼はほほえみながら、「またおいで」とおっしゃいました。

彼らのボートは川に出て行き、師はそこに立って、彼らがずっと遠くに行ってしまうまで見守っておられました。その間嵐が吹き始め、空は急に雲で暗くなりました。私は師がたいそう心配されていることに気がつきました。師は落ちつきのない男の子のように行ったりきたりし始め、激しく揺れるボートの行方をじっと見つめるにつれて、師の心配はつのっていきました。

師はしきりにだれかれかまわず、「どうなるのだろうか？　バララームと家族たちはこの嵐の中で生き残ることができるだろうか？　ああ、どうなるのだろうか？　世間の人びとは、バララームはドッキネッショルの無価値で運が悪い聖者に会いに行って、帰りに命を落としたと言うだろう。教えてくれ、どうなるのだろうか？」とたずねられました。しだいにボートは見えなくなっていきました。師は自分のお部屋にお戻りになりましたが、お顔はたいへん憂鬱そうで、心はたいそうかき乱されていました。そしてまた、落ちつきなく行ったりきたりしながら、「母よ、私の顔に泥を塗るのですか？　私の祈りが聞こえないのでしょうか？　母よ、どうなるのでしょうか？」となげかれました。

師の心の状態を見て、ヨーギンは何も言わずにバララーム・バーブの情報を得るために、嵐の中をカルカッタに向かいました。彼はアラムバザールから乗合馬車に乗り、数時間のうちにもどってきました（そのときまでには夜になっていました）。そして師に、バララーム・バーブとその家族が無事に家に帰りついたことを報告することができました。

ヨーギンは師に、「彼らが川でなんの事故もなく無事に家に帰り着いたのは、あなたのお恵みによるものです。あなたが心配されているのを見て、私は彼らがどうなったかを自分で確かめるために行ってきました。彼らが言うには、ボートは嵐で激しく揺れ、ある場所で、もう少しのところで転覆しそうになりました。けれども、舟はなんとかバランスを取り戻したのです」と申しあげました。

師はその知らせを聞かれて、大喜びされました。それから彼はヨーギンにゆっくりと、「何ていったのかね？　私の恵みによって？　おまえが言ったようなことを、だれにも言ってはいけないよ。心の中にしまっておきなさい。覚えておきなさい！　聖母のお恵みによって、彼らは家に無事にたどり着いたのだ」とおっしゃいました。

私は今でも、コシポルのガーデンハウスで、師が亡くなられた日のことを覚えています。師はベッドに座り、まくらによりかかっておいででした。お昼でした。すべてが静かでした。皆師のお声は完全にだめになったと思っていました。けれども、マザーと私が師のお部屋に入るやいなや、師はゆっくりとささやかれました。「きたか。聞くがよい。私は海を渡った遠いところに行く」、マザーはわっと泣きだされました。

ふたたび師はささやかれました。「恐れることはない。彼ら（弟子たちを指さして）が私の面倒をみてくれたみたいに、おまえたちの面倒をみてくれるだろう。ラクシュミーの世話をよくみてやりなさい。彼女がよい連れ添いになるだろう」

今でも私は、最期の日の師のお顔のことを覚えています。ベッドに座り、サマーディに入られ、ほほには涙がつたっていました。

〔出典：Ramakrishna-Saradamrita, by Swami Nirlepananda (Calcutta: Ka runa Prakashani), 1968; Days In An Indian Monastery, by Sister Devamata (La Crescenta: Ananda Ashrama), 1927; Prabuddha Bharata (Mayavati: Advaita Ashrama) vol. 34, no. 9, 1929〕

スワーミー・ブラフマーナンダ

第三章　スワーミー・ブラフマーナンダ

スワーミー・ブラフマーナンダ（一八六三〜一九二二）は一八八一年の中ほどにシュリー・ラーマクリシュナと出会い、師が亡くなるまでの間、ほとんどずっと師といっしょに暮らした。師は初めてスワーミー・ブラフマーナンダに出会う前に彼の幻影を見ていた。それでブラフマーナンダを見るなり、彼を自分の霊的息子であると認めたのだった。スワーミーは後にラーマクリシュナ僧団の初代僧院長となった。

シュリー・ラーマクリシュナとともに暮らす

一部の信者たちはシュリー・ラーマクリシュナに彼らが経験した霊的な体験のことを話したものだった。これを聞いた若い弟子［1］が師に自分も霊的な経験をさせてくれるよう頼んだ。師は彼に言った。「ねえ、そのような種類の経験は、瞑想や祈りを規則的にきちんとやればくるものなのだよ。おまえもいつかは経験するだろう」

数日後の夕方、その若い弟子は師が聖なる母の寺院に向かって歩いているのを見た。しかし、その弟子はあえて中に入ろうとしなかった。それで、彼はナートマンディル（聖なる母の寺院の前にあるホール）に座り、瞑想を始めた。しばらくたって、彼は突然まるで何百万もの太陽のように輝く光が聖なる母の聖堂から彼に向かって降り注ぐのを見た。彼はびっくりして師の部屋に走っていった。

しばらくたってシュリー・ラーマクリシュナが神殿からもどってきた。若い弟子が部屋にいるのを見て、「やあ、おまえは夕方、座って瞑想していたかね？」とおっしゃった。「ええ、しました」と若い弟子は答え、師に何が起こったかを説明した。それで師は彼に言った。「おまえは何も経験しないといって不平を言っていたのではないかね。おまえは『瞑想をして、何になるというのですか？』とたずねた。それなのに、なぜそんな経験をしたのに逃げだすのかね？」

ときどきふさぎ込むのは自然なことだ。私もドッキネッショルにいたころ、そのように感じたものだった。そのころ私はとても若く、師は五〇歳くらいだった。それで私は師に率直にお話しすることが恥ずかしかった。ある日私はカーリー聖堂で瞑想をしていた。私は心を集中することができなかった。このことで私はとても悲しくなった。私はひとりごとを言った。「私はここに長く住んでいる。それなのに私はまだ何も成しとげていない。それならば、ここに住んでなんの役に立つだろうか？　忘れてしまえ！」私はこのことは何も師に申しあげるつもりはなかった。もしこうした落胆した状態があと二、三日続いていたら、私は家に帰ってしまったことだろう。そしてそこで私は別のことに心を奪われてしまったことだろう。家に帰ることを聖堂の中で決め、私は師の部屋にもどった。師はそのときベランダを歩いておられた。私をみて師も部屋に入ってこられた。私は聖堂からもどったら師にあいさつし、それから軽い朝食を食べるのが習慣だった。師にあいさつするやいなや、師は「ねえ、おまえが聖堂からもどるとき、私はおまえの心が分厚い網で覆われているように見えたのだよ」とおっしゃった。私は師がすべてをご存じであることを悟り、それで「師よ、私の心の状態がどんな風であるかは、よくご存じでしょう」と申しあげた。すると、師は私の舌に何かを書かれた。たちどころに苦悩に満ちあふれた絶望はすべて忘れ去り、表現できないような歓喜に圧倒された。

師とともに暮らす限り、私は思わず知らず神のことを思い、神について瞑想した。四六時中我を忘れるような歓喜に満たされた。これだから、人は強力な、神を悟ったグルが必要なのである。イニシエイションを授ける前には、グルと弟子はおたがい長い時間をかけてテストしなければならない。これは、通りすがりの関係ではないのだ。

ああ、私たちは師といっしょに、ドッキネッショルでなんと愉快に暮らしたことか！　私たちはときどき師のユーモアと機知に腹がよじれるほど笑いころげた。今や私たちが瞑想で経験することができないことを、当時は無意識のうちに達成することができた。もし私の心がほんのわずかでもそれたなら、師は私の表情からそれを理解し、私のひたいに手をかざし、私の心を正した。そして、師といっしょにいると、どんなに自由だったことか！　ある日、半円形のポーチで私は師の体に油をすり込んでいた。何かの理由で私は師に対して怒った。私は油の入った瓶を放り捨て、二度ともどってこないと決意して歩き去った。私はジャドゥ・マリックのガーデン・ハウスまでやってきたが、それ以上先に進むことができなかった。私は座り込んだ。そうこうしているうちに、師は私を呼びもどすためにラムラルをよこした。私がもどったとき、師は、「ほら、前に進めたかね？　私はそこに境界線を引いておいたのだよ」とおっしゃった。

別の機会に、私は何か悪いことをしでかして、とても後悔した。私は告白するために師のもとにうかがった。私が到着するやいなや、師は私に水差しを持ってついてくるようにと頼まれた。もどったとき、師は「おまえは、かくかくしかじかのことを昨日しでかした。もうするのではないよ」とおっしゃった。私は仰天した。どうして師が存じておられるのだろうかと思った。

別の日に、私がカルカッタからもどったとき、師は「どうしておまえを見ることができないのだろうか？　何か悪いことをしたのではないかね？」とおっしゃった。「いいえ」と私は答えた。というのは、私は「悪いこと」とは、どろぼうや強盗や不倫のようなことだと思っていたからだ。師はふたたび私に「おまえは何かうそをつかなかったかね？」とおっしゃった。それで私は前日、雑談して冗談を言ったときに、真実ではないことを言ったことを思いだした。

外部には何もない。あらゆるものは内にある。人びとは音楽が好きだ。しかし、人びとは耳で聞く音楽は、内なる音楽に比較すると取るに足らないことに気がついていない。内なる音楽は、なんと甘く、気が休まることだろう！　シュリー・ラーマクリシュナがパンチャヴァティで瞑想を行っておられたとき、師は内なるヴィーナー（弦楽器の一種）の音を聴いておられたのだろう。

ある日の昼、私がパンチャヴァティで瞑想をしていたとき、師はブラフマンの音としての顕現（シャブダ・ブラフマン）について語られた。その議論を聞いたとき、パンチャヴァティの鳥でさえヴェーダの歌をうたったのを、私は聴いたのだ。

師の霊的状態

聖なる交友が必要である。人が聖なる人びとのことを見たり聞いたりするとき、霊的な感情が心に起きて、疑いは消えてしまう。人は純粋な、神に酔った人生を観察することで、何百冊の本を読むより深い印象を吸収する。アダル・セン（ラーマクリシュナの弟子）は副検査官を伴ってしばしば師のもとを訪れていた。副検査官はときどき法悦を経験していた。ある日、彼らがドッキネッショルに到着したとき、師はサマーディに入られていた。師の表情ははちきれんばかりの喜びをたたえていた。それからアダルは友人に「君の法悦をみると、僕は気分が悪くなった。君の中に大きな苦悩があるように思えた。神聖な法悦が苦しみを引き起こすことがあるだろうか？　師の至福に満ちた法悦で、僕は目が開いた。もし師の法悦が君のようなものだったら、僕はこれ以上ここにくることはなかっただろう」と言った。もしアダルが師のもとを訪れず、師の法悦を見ることがなかったなら、アダルの心には疑いが残ったことだろう。これが聖なる交友の効果である。

通常シュリー・ラーマクリシュナは夜に一時間かそこら以上はお眠りにならなかった。師は夜中に、あるときはサマーディの状態ですごされ、またあるときは信仰歌をうたってすごされ、別の時は主の御名をくり返し唱えてすごされた。私はしばしば、師が一時間かそれ以上サマーディの状態にあったのを見た。そのような状態では師は何度努力しても話すことがおできにならなかった。外界の意識を取りもどすと、師は「ごらん、私がサマーディの状態にあったとき、私はおまえに私の体験を説明したかったのだが、そのときは話す力がなかったのだ」とおっしゃったものだ。サマーディの後、師はいつも何かをつぶやかれた。私には師がだれかと話をしているように見えた。私は師がもっと若いころは、ほとんどの時間をサマーディの状態ですごされたと聞いている。

師は異なる時に異なる種類のサマーディに入られた。ときどき師の全身は丸太のように硬くなった。この状態から降りてこられると、師はたやすく普通の意識を取り戻された。しかしながら、師が深いサマーディに入られたときには、外界の意識を取り戻されるまでにより長い時間がかかった。そのような時はおぼれた人が水面に顔をだすように、しばらくあえぎながら深く息を吸われるのだった。落ちついた後も、しばらくの間は酔っぱらいのように話され、話のすべてが理解できるわけではなかった。そのような時、師は何か小さな願望（例えば「スクタ（ニガウリのカレー）を食べよう」、「タバコを吸おう」など）を口にされた。それからときどき顔をこすられ、手をあげたり下げたりされた。（スワーミー・ブラフマーナンダは、それから自問自答をし、会話を続けた）なぜ師は特に外の助けを借りずに急速な霊的な進歩を遂げられたのか、理由を教えてくれないか？　ある生まれつきのサムスカーラ以外の理由を見いだすのは難しい。これは奇跡ではないかね？　彼の生涯にはほかにももっと多くの驚異が見られたのだ。あるとき、ある僧が師に金属でできたラームラーラー（子どものラーマ）の像を与えた。師がその像をガンガーに沐浴のために持って行くと、その像は川の中で泳いだものだった。師ご自身がこのことを私たちにお話になったのだ。こんな状態のもとで、人はどうして物質と意識とが別物であると言えようか？

師は、はじめのうちは特に世を捨てる強い願望はお持ちではなかったが、霊的な大嵐が師を通りすぎ、それが師の全人生を変えたとおっしゃった。

師がコシポルのガーデン・ハウスで亡くなる前に、師は私たちに無限者のヴィジョンについてお話になったものだった。ある日、ギリシュとスワーミー・ヴィヴェーカーナンダ、ラーマクリシュナーナンダ、ニランジャナーナンダ、それに私が師の部屋にいた。当時私たちは若者だった。しかし、ギリシュは年長でとても知性的だった。無限者のことについて師から数語聞いた後、ギリシュは叫んだ。「師よ、もうこれ以上お話しなさらないでください。めまいがする」ああ、なんという会話だったのだろう！　師はいつも「シュカデーヴァは砂糖のひとかけらで満足しているアリのようなものだ。ラーマやクリシュナやその他の神の化身は、サチダーナンダの木にぶら下がっているぶどうの房のようなものだ」とおっしゃられた。これは、無限者についての単なる概念に過ぎない。それを理解するのは困難だ。

あるとき、シュリー・ラーマクリシュナは、「ある日、私がカーリー聖堂で瞑想していたとき、マーヤーの覆いが一つまた一つと消えていくのを見た。他のヴィジョンでは、聖なる母がブラフマンの光をお示しになった。それは、何百万もの太陽がいっしょになった輝きをもしのぐものだった。私はそれから無限の光の中から光り輝く御姿が現れ、そしてふたたび源に帰るのを見た。私は無形のブラフマンが形をとり、ふたたび無形になるのを経験したのだ」

ああ、師はなんという超人的な力をお持ちだったのだろうか！　当時、私たちはそれは彼特有の単なる風変わりな力だと思っていて、その本質を理解することができなかったのだ。今では私たちはそれがどんなに驚異的な力であるかに気づいている！　ある日、私は師に、「師よ、私は肉欲を取り除くことができません。どうすればよろしいでしょうか?」と申しあげた。師は私の胸の当たりをさわり、何かよく聞き取れない言葉をつぶやかれた。すべての肉欲が私から永遠に消えた！　それ以来肉欲の存在を感じたことがない。それが驚異だということがわかるかね?

私は師がアニマー（小さい姿になる力）その他の神通力をお示しになったことは見たことがない。しかし、師は人の性格をとてもはっきりと見抜く洞察力を持っておられた。彼の人生における超自然的なでき事について、私は数多くの証言をすることができる。

師の霊的教育

もし師の言葉が、とりわけ信仰上の実践や進歩や経験のことについて、きちんと正確に――つまり、彼からそれらを聞いた直後に――記録されていたなら、たいへんすばらしかったことだろう。師が知識（ギャーナ）についてお話になるとき、彼は他のことは話されなかった。さらにまた、師が信仰（バクティ）についてお話になるとき、彼は信仰以外のことは話されなかった。師は世俗の知識は取るに足らぬ、無益なものであって、人は霊的な知識、信仰、そして愛のみを得るために奮闘努力しなければならないことを、私たちの心に刻み込まれた。

師は夜、ほとんどお眠りになられなかった。師といっしょに暮らす少年たちにも眠ることをお許しになられなかった。他の人が眠りにつくと、師は弟子たちを起こして、「どうしたのだ？ おまえたちはここに眠りにきたのかね」とおっしゃった。それから師はそれぞれの弟子に対し、それぞれの弟子の性向に合わせて、パンチャヴァティかカーリー寺院かシヴァ寺院に瞑想に行くように指示をされた。指示された通りジャパを行ったり瞑想したりした後に、弟子たちは部屋に戻り、眠った。師は弟子たちを忙しく働かせておられた。師はよく「三種類の人たちが夜起きている。ヨーギー（ヨーガ行者）と道楽者と病人だ。おまえたちは皆ヨーギーなのだから、夜の眠りはおまえたちのものではないよ」とおっしゃった。

シュリー・ラーマクリシュナはいつも「日中はいくらでも好きなだけ食べるがよい。しかし、夜は控えめにしなさい」とおっしゃったものだ。昼にいっぱい食べても消化されるし、夜軽く食べても体は軽いままで心を集中させることができるが、夜重い食事をとると、怠惰さと眠りが生じるとお考えになられたのだ。

シュリー・ラーマクリシュナはいつも皆に瞑想するよう勧められたものだ。人はもし瞑想を規則正しく行わなければ、霊的生活から転落するのだ。師が師のグルであるトーター・プリーに、「あなたは完成の域に達している。それなのに、なぜまだ瞑想を行うのですか?」とたずねられた。トーター・プリーは磨かれた真鍮製のポットを指し示しながら「もしあなたがポットを毎日磨かなければ、ほこりに覆われるだろう」と答えた。師はいつも「真の瞑想の印は、人がまわりの環境や体のことを忘れることとである。たとえカラスが頭の上にとまっても何も感じないだろう」とおっしゃった。シュリー・ラーマクリシュナはそのような状態に到達しておられた。ときどきナートマンディルで瞑想していたとき、カラスが彼の頭の上にとまった。

ラーニー・ラスモニが建てたドッキネッショルのテンプル・ガーデンは、シュリー・ラーマクリシュナがサーダナ(霊性の修行)を行うのに必要なものをすべて供給した。もしあなたが真の信仰と愛と献身を持っていたなら、神はあなたが必要とするすべてのものを供給してくださる。

ある僧が川岸に一万ルピーを埋めた。このことを聞いて師は「得失を計算したり、将来の計画を立てたりする者は、霊的生活では破滅する」とおっしゃった。

通常、師はだれであっても二、三日以上師とともに滞在することはお許しにならなかった。しかしあるとき、若者が数日師とともに滞在した。このことが幾人かの信者をいらだたせた。彼らは師に、師が若者に放棄の道を説いていると苦情を述べた。師は、「彼には世俗の生活を歩ませるがよい。私がそうしないように説得しているとでもいうのかね？　彼には最初に知識を得させ、それから世間に出させるのだ。私は皆に色欲と金を放棄するように教えていないかね？　私は、ほんの少しだけ励ましが必要な者に対して放棄を語っているのだ」とおっしゃった。師はそれ以外の人たちに対してはいつも、「行ってホッグプラムのピクルスを楽しんできなさい。それで腹が痛くなったらここに治療においで」とおっしゃったものだ。

ときどき師は人びとに、「私がどんな状態をたどっているか、教えてくれないか？　なぜ私は一パイスもしない綿菓子や、すり切れた座布団ですら私にささげることができない者のところに、こんなに頻繁に行くのだろうか？」とおたずねになった。師はその後「私はある種の人びとは容易に成功することがわかった。残りの人びとにとっては非常に難しい。というのは、彼らはいわば凝乳を入れるつぼのようなものだからだ。人は牛乳をその中には保存できない」と説明されたものだった。そして彼らに「私はおまえたちが神をすみやかに悟ることができるよう、祈っているよ」とおっしゃったものだった。

ある日、カルターバジャー派〔2〕についての話題が会話ででたとき、ギリシュ・ゴーシュ（師の偉大な信者で劇作家）は、皮肉な調子で自分は彼らについてのドラマを書くことができると言った。これを聞いて師はおごそかに、「その宗派の人びとの幾人かは、やはり完成の域に達しているのだよ。それも一つの道である」とおっしゃった。

ある日、スワーミー・トゥリーヤーナンダが師に「どのようにすれば情欲を取り除くことができるのでしょうか？」とたずねた。師は「どうして取り除かなければならないのかね？　それを別の方向に向けるのだ」とお答えになった。師は、怒り、どん欲、執着やそのほかの激しい感情についても同じことをおっしゃった。師のこうしたお言葉は、若い弟子たちを鼓舞した。

師はいつも、「極度の切望があるところならどこでも、神はご自身をいっそうよく明かされる」とおっしゃったものだ。師はまたある人びとに対しては、自分を指さしながら「これを愛せよ。それだけで十分だ」とおっしゃった。ああ！　なんとすばらしいお戯れが終わったことだろうか！

さらに、師はいつも「神を悟るためには、人は強烈な切望を持たなければならない」とおっしゃった。それに関連して師はいつも次の話をされた。「あるとき、求道者が師にどのようにすれば神を悟ることができるかをたずねた。師はそれに答えず弟子を近くの池に連れて行き、水に沈めた。しばらくたって弟子はとても動揺し、気を失いそうになった。師は弟子を水の上に引きあげ、『水の中でどのように感じたか？』と問うた。弟子は『私は息を吸いたくて死にそうでした』と答えた。師は『神に対してそのように感じたとき、おまえは神を悟るだろう』と言った」

別の機会に師は「おまえはどのような種類の愛が神を悟るために必要か、知っているかね？ 頭をけがした犬が死にものぐるいであちこち飛び跳ねるのと同じように、人は死にものぐるいで神を探し求めなければならないのだ」とおっしゃった。

師は、心の内なる居室に盗人（すなわち、偽善）を入れてはならない、とおっしゃったものだ。師は純朴な心の持ち主をたいそう愛された。師は「私は美辞麗句には関心がない。私は神に誠実に呼びかける人が好きだ」とおっしゃったものだ。師はまた心を込めて神に呼びかけることで、心の不純さが消えさるとおっしゃった。

シュリー・ラーマクリシュナとスワーミー・ヴィヴェーカーナンダ

シュリー・ラーマクリシュナはすべてのものを神とみなした。あるとき、スワーミー・ヴィヴェーカーナンダが師に「師よ、あなたは私たちをそんなに愛しておいでになると、結局ジャダバラタ［3］と同じになってしまうのではないですか？」と言った。師は、「鈍い物質のことを考えていると、人はジャダバラタになってしまうのだ。けれども私はただ意識のことだけを思っている。私がおまえたちに愛着を感じる日がきたら、私はおまえたちを追い払うだろうよ」とおっしゃった。

ある日、師は何らかの理由からスワーミージー（スワーミー・ヴィヴェーカーナンダ）に声をおかけにならなかった。けれどもスワーミージーは平静で快活なままだった。これをみて師は「彼は偉大な魂だ」と言った。別の日に、ケシャブ・セン（師の信者）がスワーミージーをほめそやした。師は彼に「そんなに彼をほめちぎるのではない。まだつぼみが開いていないのだ」とおっしゃった。

＊　＊　＊

最初、スワーミー・ヴィヴェーカーナンダ（当時はナレーンドラとして知られていた）は、師とたくさんの無味乾燥な議論にふけっていた。当時、彼は神を姿のないものとして信仰していた。彼は師に対し、「師よ、あなたのこれらのヴィジョンはすべて幻覚です」とまで言った。彼は寺院の中の神々の前にひれ伏す人びとをあざけっていたものだ。信者の中には、このことでスワーミージーに困惑した者もいた。しかし、師は決して彼に対していらだたれることはなかった。師は、「今日、スワーミージーのような魂を見つけることは困難だ」とおっしゃった。後になって師がスワーミージーに神々の姿をお示しになり、彼はそれらを信仰し始めた。それ以来スワーミージーは、「もし人が神に対する確固たる信仰を持っているのであれば、それが有形であれ、無形であれ、人は完成の域に達するだろう」と語ったものだ。

その他の思い出

ああ、師がどんなに真実に忠実であろうとされたことか！　もしも彼がたまたまもうこれ以上食べないとおっしゃれば、仮におなかがすいていたとしても、食べることがおできにならなかった。あるとき師はジャドゥ・マリック（彼のガーデンハウスはドッキネッショル寺院の隣にあった）を訪ねるといったが、後でそのことをすっかり忘れてしまわれた。私も彼にそのことを申しあげなかった。夕食後、師は突然その約束のことを思いだした。もう夜遅かったが、行かなければならなかった。私は手にランタンを持って彼に付き従った。家に着いたとき、家の戸は閉められており、皆眠っていることは明らかであった。師は居間の扉を少しだけ開け、足を部屋の中に入れて、それから立ち去られた。

師は、あたかも窓ガラスを通して見るように、ただ人の顔を見るだけでその人の内面を見通すことがおできになった。訪問者がくるといつでも、師は頭のてっぺんからつま先までごらんになられ、すべてを理解された。それから師はその人の質問に答えられた。

偉大な聖者ですら、完全にエゴを捨て去ることが常にできるとは限らない。（ヴァーラーナシーの）スワーミー・バースカラーナンダは自分の写真を私に見せ、「ごらん、私の写真が売られているのだよ！」と言った。しかし、師はどうだ！　ケシャブ・センが彼の新聞に師のことを書いたとき、師は二度と書くことはならぬと禁じられた。

ある日、ある売春婦の息子がドッキネッショルにきた。師は部屋で眠っておられた。その男は部屋に入り、足を触った。師はあたかもだれかに火を投げつけられたかのように、すぐに跳ね起きられた。師は、「おまえが犯してきた罪をすべて正直に告白しなさい。もしそれができないのならば、ガンガーに行って大声で罪のことを話しなさい。罪から解放されるだろう」とおっしゃった。しかし、その男は不運にもそうすることができなかった。

［1］この若い弟子とは、スワーミー・ブラフマーナンダ自身のことである。
［2］カルターバジャー派：ヴァイシュナヴァ派（ヴィシュヌ神の崇拝者）のマイナーな一宗派。
［3］昔、ジャダバラタという王がいた。王は晩年森に隠遁して生活していた。ある日、彼は妊娠したシカがライオンに襲われているのを見た。そのシカは川に飛び込み、岸に戻ろうともがいている間に子シカを生み落として、死んだ。ジャダバラタは子シカを助けて育て、そのシカに非常に強く愛着を感じるようになった。死の間際、彼はシカのことを思い、その結果シカに生まれ変わった。シカとしての人生を終え、彼はふたたびブラーミンに生まれ変わり、悟りを得た。ビシュヌ・プラーナ参照。

［出典：A Guide to Spiritual Life: Spiritual Teachings of Swami Brahmananda by Swami Chetanananda (St. Louis: Vedanta Society), 1988］

スワーミー・プレーマーナンダ

第四章　スワーミー・プレーマーナンダ

スワーミー・プレーマーナンダ（一八六一～一九一八）は、シュリー・ラーマクリシュナに一八八二年に出会い、出家の弟子となり、師といっしょに生活し、師に仕えた。彼の姉は師の偉大な在家の弟子であるバララーム・ボシュに嫁いだ。師はスワーミー・プレーマーナンダのことを、イーシュワラ・コーティー（偉大な魂）のクラスに属する弟子の一人であるとみなしておられた。そして、彼は骨の髄まで純粋なのだ、とおっしゃった。後年、スワーミーは、ラーマクリシュナ・マト（僧団）とミッション（奉仕団）の理事を務め、ベルルのラーマクリシュナ僧院の責任者であった。

シュリー・ラーマクリシュナとすごした日々

スワーミー・ブラフマーナンダと私は、ドッキネッショル行きの船に乗るため、ハタコーラ・ガート（カルカッタ西部にある）に行き、そこでラームダヤル・バーブに会った。彼もシュリー・ラーマクリシュナにお会いしようとしているのを知って、いっしょに船に乗り込んだ。私たちがラーニー・

ラスモニのカーリー寺院に着いたのは、ほとんど夕暮れ時だった。私たちは師のお部屋に行き、師は宇宙の母を礼拝するために寺院に行かれたと聞いた。スワーミー・ブラフマーナンダは私たちに待っているように言い、師を探すために寺院に行った。まもなく私はスワーミー・ブラフマーナンダが師を非常に注意深く抱きかかえ、「お止まりください。ここで上ってください。ここで降りてくださ い」と案内しているのを見た。私はすでに師がしばしば法悦に圧倒され、外界の意識を無くされると聞いていた。それだから、私は酔っ払いのようにふらつきながら師がいらっしゃるとき、師が法悦の境地にあることがわかっていた。師は部屋にそのような状態でお入りになり、小さなベッドの上にお座りになった。少したって師は普通の意識の状態に戻られ、私に私と親族のことについていくつか質問をされた。それから師は私の顔、手、足などの特徴を調べはじめられた。しばらくの間、師は重さを量るために私の前腕を手に持たれ、「よし」とおっしゃった。それが何を意味しているのかは、師だけがご存じである。後で師はラームダヤル・バーブにナレーンドラの健康についてたずねられた。彼が元気であるとお聞きになり、師は「彼は随分長い間、ここにきてないのだよ。私は彼に会いたい。どうか、いつかここにくるように彼に頼んでおくれ」とおっしゃった。

何時間か、宗教的な話で楽しくすごした。私たちは午後一〇時に夕食をとり、師の部屋の南東のベランダで休んだ。部屋では師とスワーミー・ブラフマーナンダのためにベッドが設けられた。けれども、一時間もしないうちに師が片手に布を持って部屋から出てこられ、私たちの寝床のそばにこられた。ラームダヤル・バーブに愛情深く「眠っているのかね？」とおたずねになられた。二人ともすばやく寝床から起き上がり、「いいえ」と答えた。師は、「ごらん。私はもう長いことナレーンドラを見ていないのだ。それで、私は魂がぬれたタオルのように無理やり絞られているように感じるのだ。どうか彼に一度会いにくるように頼んでおくれ。彼は純粋なサットワの資質を持った人間なのだ。彼はナーラーヤナそのものだ。私はときどき彼の姿を見ないと心が休まらないのだ」とおっしゃった。

ラームダヤル・バーブは何度かドッキネッショルを訪ねていた。だから、彼は師の少年のような性質のことは知っており、師が子どもっぽく振る舞われているのを見て、師が法悦に浸っておられることがわかった。彼は翌朝一番にナレーンドラに会いに行き、来るように頼むとか、そのようなことを言って師をなだめようとした。けれども師の気分はその晩まったくなだめることができなかった。師は私たちが全然眠っていないことをごらんになり、ときどきしばらくの間ご自分の寝室に戻られた。けれどもしばらくするとそのことをお忘れになって私たちのもとにきて、ナレーンドラのよい性質についてお話を始められ、ナレーンドラが長くこないことによるひどい苦悩を悲しそうにおっしゃるのだった。

この離別によるひどい苦しみをみて、私は驚き、そして「彼の愛のなんとすばらしいことか！そして師がこんなにもひどく渇望しているのに、その人物のなんと思いやりのないことか！」と思った。その夜はそのようにして過ぎていった。朝になって私たちは寺院に行き、聖なる母を礼拝した。それから、師にひれ伏してお辞儀をし、師のもとを離れ、カルカッタにもどった。

師を最初に訪れてから三、四日たったところで、バグバジャル（カルカッタの北部）に住むラーム・ダヤル・バーブにばったりと出会った。そして彼は「師が君にお会いになりたがっている。どうか訪問してください」と言った。驚いて私は「なぜ彼が私を呼び求めているのだろうか？」と自問した。そのときまだ私は師がどんなに愛情深い方であるかということを知らなかった。

私はふたたびドッキネッショルに行った。着くやいなや、師は私に愛情深くまきをパンチャヴァティの木立に運ぶよう頼まれた。その日師はそこへのピクニックを手配された。それにより師は私たちのそれぞれにいくらか責任を持たせるようにして私たちを訓練された。

私の母は私が悪い少年たちと付きあい破滅してしまうことを恐れ、休日の間でさえ田舎（アンプール）にあまり長い間滞在するのを許さなかった。けれども私がカルカッタにもどるため家を離れるたびに母は泣いた。師もまた私がドッキネッショルからカルカッタにもどるたびにお泣きになられた。ああ、どんなに師が私たちのことを愛されていたか、どのようにすればあなたたちに説明することができるだろうか！　師はプールナー（ある若い弟子）に食べさせるため、馬車に乗ってカルカッタに行かれた。師はプールナーが通っている学校の近くで待ち、だれかを少年を連れてくるためにやり、ごちそうを食べさせたものだった。師はいつも「私はどうかしてしまったのだろうか？　おまえたちは私にささげるマットレスすら持っていない［1］。それなのにおまえたちに会いたくて心が落ちつかないのだ」とおっしゃった。

ある日、私が滞在しているバララーム・バーブの家の外で師が待っておられるのを見つけた。バラーム・バーブは外出していたため、師は辱められたりしないかとお考えになり、家の中に入るのを躊躇されていた。師は私に会いにこられたのだ。ついにだれかが師を家の中にお連れした。師の愛は限りを知らなかった。そしてその一滴だけで私たちを完全に満たした。それだから私たちのだれもが自分こそが師にもっとも愛されていると思った。

師はいつも「私は何にでも耐えられる。利己主義を除いては」とおっしゃられた。それだから師はだれかに会いたいと思われた場合には、前もってフリダイをやり、その人物がうぬぼれていないかどうかを確かめられたのだった。師は私たちのために鋳型を残された。私たちは粘土を練り、粘土から石のかけらや、くずをすべて取り去り、鋳型によって粘土を焼かなければならない。そうすると、美しい像が現れるだろう。師は全世界のためにこられたのだ。

ある日、私は師の部屋で眠っていた。真夜中に目が覚めると師が「母よ、私はこんなものは要りません。どうか、名声をもたらさないでください。どうか、母よ、どうか。私はそんなものにはつばを吐きかけてやります」とおっしゃりながら、部屋のはしから別のはしに歩き回っておられるのを目にした。このように言いながら、師は気が狂ったように後ろに行ったり前にいったりされていた。

私は驚嘆した。「なんと不思議なことだ！　人びとは名声と名誉をたいそう欲しがる。それなのに師はそれを自分に与えないようにと母に嘆願されている。このようなことがなぜ私の目の前で起こっているのだろうか？　これは、私を導くためであろうか？」と。

師はいかなる種類の束縛にも耐えることができなかった。もしも蚊帳のはしをマットレスの下にはさむと、窒息しそうに感じられたものだった。それで蚊帳のはしはベッドのはしあたりに垂らされていた。師はシャツのボタンですらとめることがおできにならなかった。私たちがボタンをとめてさしあげたのだ。師はドアのかんぬきをかけることもおできにならなかった。師はあらゆるものに神をみておられた。ある日、だれかが新しい布を師の前で裂いた。すると師は、「ああ、痛い！」と叫ばれた。

純潔であれ。純潔さが宗教である。言葉と心を一つにしなさい。シュリー・ラーマクリシュナは純潔の権化であられた。ある男が賄賂によって多額の金を儲けた。ある日、この人物が師がサマーディに入られているときに師の足に触れた。すると、師は苦痛のあまり大声で叫ばれた。師がサマーディに入っておられるとき、私たちは師が倒れないよう、師を支えなければならなかった。しかし、私たちは心配だった。もし私たちが十分に純潔でなかったなら、師がサマーディにお入りになっているときに師に触れると、苦痛のあまり人前で大声で叫ばれると思ったからだ。それで、私たちは純潔を求めて祈った。

不純な人は師といっしょに暮らし、個人的に奉仕することはできなかった。私が師といっしょに暮らすことを許されたのは、師の恩寵である。あるとき、私は師が部屋をお離れになったときに、ある人が師のマットレスの下にひそかにお金を置いたのをみた。後ほど師が戻られたとき、師はベッドにお近づきになることができなかった。師の放棄は驚異的であった。普通の人がそのようなことを想像することができるだろうか？ 私たちは師の理想の人生を見てきた。それで、確信を持って話すことができるのだ。

ある日、師はスター劇場に、チャイタンニャ・リーラー（チャイタンニャの聖なる芝居）という芝居を見に行かれた。私たちがドッキネッショルを出発する前、師は私に「いいかね、もし私がそこでサマーディに入ったら、人びとが私の方に押し寄せてきて混乱するだろう。おまえ、もし私がサマーディに入りそうになったら、いろんなことを私に話しかけるようにしておくれ」とおっしゃった。けれども師が劇場に行かれたとき、師は努力されたにも関わらずサマーディに入ることを防ぐことがおできにならなかった。私が神の御名をくり返し唱えはじめると、師はゆっくりと意識がお戻りになった。そのようなバーヴァ（法悦）、マハーバーヴァ（大法悦境）、そしてサマーディは師にとって自然なことであった。師は心を普通の状態に下ろすために必死に努力をしなければならなかった。私たちの器は師に比べ、とても小さい。それだから、私たちは小さな法悦を得るために、さまざまな霊的修行に懸命に努め、実践する必要があるのだ。というのは、私たちにとっては、小さな法悦を得ることさえたいへん難しいことであるからだ。

師がレモンが大好きであることを知って、ヨーギン（スワーミー・ヨーガーナンダ）は師にレモンを毎日ささげた。ある日、師は彼に「昨日レモンをどこから持ってきたのだね？　私はそれを食べることができなかったよ」とおっしゃった。ヨーギンは師が邪悪な、あるいは不純な人たちからもたらされたものをお受けとりになることができないことは知っていた。けれども、そのレモンは以前のレモンと同じ木からもぎ取ったものである。それではなぜ師はそのレモンをお受けとりになれなかったのだろうか？　ヨーギンはたいへん困惑してそのわけを探ろうとした。念入りに調べた結果、レモンを手に入れていた果樹園の賃貸期限がその事件が起こった前日に切れ、果樹園の賃借人が変わっていたことがわかった。ヨーギンはレモンをもぎ取ることの許可を前の賃借人からもらっていた。それだからまさにその日、許可はもはや有効ではなくなり、知らないこととはいえ、ヨーギンのそのレモンをもぎ取る行為は、実は盗みに当たったのである。

師は捧げ物の贈り主の心の中を読み取ることがおできになった。ほんのわずかでも罪にまみれた食べ物を受けとることがおできにならなかった。師の純潔さがどんなにすばらしかったことか！　師はどんな不純さであれ、それが近づいたり触れたりすることをお許しになることができなかった。

ある日、ヴィジョイ・クリシュナ・ゴースワーミーがやってきて、色欲から自由になれるよう、師にお願いした。師は彼に触れられた。そしてそのひと触れはすばらしい結果をもたらした。別の機会に、ある人がやってきて、「師よ、私は妻にとても魅力を感じていて、心を妻から引き離して他のものに振り向けることができないのです。私の事業は損失続きで破綻しそうです。私の心の状態を変えてください」といってシュリー・ラーマクリシュナからの助力をお願いした。どうか、私の「いいだろう。いつかいくつか果物を持ってきなさい。私がおまえのマーヤー(迷い)を食べてやろう」とおっしゃった。しかしながら、果物が持ってこられたとき、師はそれを食べることがおできにならなかった。師は努力をされたが、唇のところまで持ちあげることがおできにならなかった。私はその男が後に彼の奥さんのためにたいへんな苦しみを味わったと聞いた。

師はギリシュ・チャンドラ・ゴーシュや大勢の娼婦たちにさえ恩寵を垂れられた。ある日、バララーム・バーブの家族の女性たちが師の部屋で師の前に座っているとき、ラマニという娼婦が近くの道を通りすぎた。師は彼女に話しかけて、「どうしておまえは最近こないのかね?」とたずねられた。女性たちは師が娼婦に話しかけられたことで憤慨した。

すぐ後で師は彼女たちを神殿に参拝するのに誘った。彼女たちがカーリー寺院に到着したとき、師は母に「母よ、あなたは実に娼婦のラマニになられた。あなたは娼婦にも貞節な婦人にもなられた」とおっしゃった。婦人たちはラマニを憎んだことがまちがっていたこと、師はラマニが母ご自身であると知って彼女に話しかけられたこと、そして、貞節であるかどうかはすべて母の思し召ししだいであるので、それを鼻にかけてはならないことを理解した。

最初、私たちは本当の宗教がなんであるか、理解していなかった。師は私たちを、私たちの両親が愛した以上に愛された。師の魅力的な愛が私たちをドッキネッショルに引きつけた。なんという吸引力！　なんという無条件の愛！　それは比べるものがない。師はナレーンドラ（スワーミー・ヴィヴェーカーナンダ）を求めて大声で泣かれたものだ。そして師は友人のように彼を笑い、からかわれたものだ。

師は私たちにプルシャとプラクリティに関する教義だけでなく、サーンキヤ哲学による創造の理論を、ユーモラスな物語を通して説明された。師の身振り手振りを見、物語を聞きながら、私たちは大笑いに笑った。師は創造の原因についても私たちに語られた。「この顕現した宇宙はリアルである。また同時に、顕現していないものもリアルである。プルシャ（意識の原理）は真実である。また同時に、プラクリティ（無意識の原理）も真実である」と。（シュリー・ラーマクリシュナは、ブラフマンとシャクティ〔力〕は、火と燃える力と同様、同一のものであるということを言っておられるのである）

ときどき師は片手を腰の上に置き、もう片方の手をまわりで動かして踊り子のまねをして私たちを楽しませてくれた。同時に、ユーモアや物語やたとえ話を通じ、学者たちにとってさえたいへん混乱するような、もっとも複雑な哲学を私たちに教えてくださった。師のすばらしい教師としての手腕は、私たちの心に永遠に深い印象を残した。師は、至高の霊的真実を、単純な、甘美な言葉でとても上手に説明された。

私たちは師がドッキネッショルでいかに愛情深く信者たちをもてなされているかを見た！ 師は「おまえ、キンマをかむかね?」とたずねられたものだった。もしも信者が「いいえ」と答えたら、師は「たばこを吸うかね?」とたずねられたものだった。こんなふうに、師はさまざまなやり方で信者たちのことを世話された。

シュリー・ラーマクリシュナは弟子を慎重に選ばれた。あるとき師はケシャブ・チャンドラ・センに対して「おまえは自分の団体にやっかい者が入るのを無分別に認めてやるものだから、問題を起こすのだ」とおっしゃった。師は弟子たちをさまざまな方法で試した後に受け入れられた。スワーミージー（スワーミー・ヴィヴェーカーナンダ）ですら例外ではなかった。師は人相学にたけておられたので、弟子たちの目や手や足などをお調べになられたものだった。師は、人が本当に霊的なことを渇望しているかどうかを判断する方法をいくつも知っておられた。師は世俗の人たちの雰囲気にはがまんすることがおできにならなかった。

師はナレン（スワーミー・ヴィヴェーカーナンダ）の師に対する愛を試したいと思われた。そこで、師は何日か彼に話しかけるのをやめられた。けれどもナレンは傷つくこともなく普段通り陽気に振るまった。彼は師のもとを訪れることをやめなかった。その後ある日、師が彼に「私がおまえに話しかけないのに、おまえはそれでも訪ねてくるのだね」とおっしゃった。ナレンは「師よ、私はあなたを愛しています。だからあなたに会いにくるのです」と言った。このことで師はナレンをほめられた。

師は、ナレンのことが批判されることには耐えられなかった。あるとき、師が「太ったブラーミン」と呼んでいたプラーノクリシュナ・ムコパーッダーエがナレンのことを批判した。師はたいそう腹を立てられた。というのは、師にとってナレンは主シヴァそのものであり、七人の聖者であり、もっとも大切な人であったからである。それなのに、この太ったブラーミンが師の大切なナレンのことを批判するとは！ヴァイシュナヴァ派の伝統によれば、神の信者を批判することは罪である。何日か後にプラーノクリシュナはドッキネッショルの師に果物を送ってよこした。師はプラーノクリシュナがナレンを批判したため、ただちに果物を彼のもとに送り返した。太ったブラーミンは即座に息を切らしながらドッキネッショルに駆けつけ、師の足もとにひれ伏し、許しを乞うた。師はそれで彼を許した。

宝石商にしか宝石の価値はわからない。師にしかスワーミージーの偉大さがわからなかった。父親の死後、スワーミージーは母親や弟妹への一口の食べ物を手に入れるために悪戦苦闘していた。加えて、親戚との間に法的な争いも生まれた。スワーミージーの苦しみを聞かれて師は「ナレンは偉大な力をもって生まれてきている。けれども、聖なる母が彼のためにこうした試練と苦難を準備されたのだ。もし彼が三度の食事を毎日定期的に得ることができたなら、彼は世の中を転覆させてしまうだろうよ。彼は三六種類の宗教的概念を打ち立てることができるほどの力を優に備えているのだ」とおっしゃった。

ある日、ギリシュ・ゴーシュが師に、ヴァイシュナヴァ主義カルターバジャー派の左派の修行を糾弾する本を書こうとしていると申しあげた。師は厳粛に「それもひとつの道である。その道を通って、ある人びとは霊的生活において進歩を遂げる」とおっしゃった。師はだれに対しても、虫ケラに対してさえも批判することを禁じられた。

「他人の中に欠点を見てはならない。むしろ、自分自身の欠点を認めなさい」と師はおっしゃった。あるとき、師の面前である訪問者がターラケシュワル僧院の僧院長であるサティシュ・ギリの性格のことを批判した。ただちにシュリー・ラーマクリシュナは彼らの関心を僧院長のよい資質の方に転じられた。師は自分の信者が陰口を言うことを好まれなかった。

他の機会にブラーミン階級に属する学者が師と議論した。シュリー・ラーマクリシュナは学者に彼の見解を納得させようとされたが、学者はかたくなで議論が続いた。師はしばらく外に出られ、法悦境のムードで部屋に戻られた。師は手で学者の体に触れ、「やあ、私は真実を語っているのに、おまえは私の言葉を受け入れない！」とおっしゃられた。この魔法のひと触れがただちに学者の心を変えた。彼は「師よ、私はあなたがおっしゃったことに同意します。私はただ議論のための議論をしていたのです」と言った。

あるとき、師は信者に対し、「おまえ、罪を犯しただと？　恐れることはない。『私はもう罪を犯しません』と誓え。私はおまえの罪のすべてを飲み込もう」と請け合われた。

幸福と悲惨は神からくる。私は人生における経験の背後には、人知ではうかがい知ることのできない理由があるのだと思っている。人びとは近視眼的である。シュリー・ラーマクリシュナは、次のような話をしてくれた。「あるとき、王が大臣を連れて森に狩りに行った。王は不慮の事故で指を切ってしまった。王は大臣に『どうして私はこの指をけがしてしまったのだろうか？』とたずねた。大臣は『王様、このでき事の裏には深い意味が隠されているに相違ございません』と申しあげた。王はこの答えに満足せず、大臣を深い井戸の中に突き落とした。幸い井戸には水がそれほどたまっていなかった。それから王は大臣に『私のこのひどい仕打ちの裏に、何か隠された理由があるとでもいうのか？』とたずねた。大臣は井戸の中から『もちろんでございます』と答えた。

そうこうしているうちに、盗賊たちがその森を通りかかり、王が一人でいるところに出くわした。彼らは信仰している母カーリーの前で王の首を切り落とすことにした。儀式を行った後、盗賊たちは犠牲をささげる場所に王を引っ張ってきた。それから彼らは王の指のけがに気がついた。彼らの習慣では、不完全な肉体は女神にささげることができないことになっていた。そこで盗賊たちは王のことを罵り、解放した。王は神に感謝をささげた。そして大臣の英知のことを思いだし、急いで井戸にもどって彼を救出した。それから王は起こったことを大臣に話し、粗野な行為のことをわびた。

大臣は、『王様、神がなされたことは、私たちにとってよいことだったのです。もし私たちが二人とも盗賊たちに捕らえられていたら、私が首を切られていたことでしょう。あなたは私を井戸に突き落とすことによって、私の命をお救いになられたのです』と言った」

どんなことにも、必ず意味がある。私たちはほんのわずかしか知性がない人間なのだ。私たちは詰まらないことで意気消沈し、また有頂天になる。それが人間の性なのだ。

ある日、ドクター・マヘンドララール・サルカールが午前一〇時頃にシャーンプクルの師のところにやってきて、午後三時か四時ごろに帰った。これを見て、マニ・マリックは「師よ、ある日、クリストダス・パルの家で音楽の催しがございました。カルカッタの主だった人びとがそのパーティーに参加しました。ドクター・サルカールもきましたが約五分後には帰るために立ち上がりました。もう少し長くいるように頼まれたのに対し、彼は『いいえ、私にはできません。私には、やらなければならない仕事が山ほどあるのです』と言いました。その同じマヘンドララール・サルカールが、今日は五時間か六時間もここで、明らかにただ時間をすごしました。これは確かに奇妙なことです！」と申しあげた。

師は、読み書きはあまりおできにならなかった。しかし、多くの本が師のために朗読され、師は聞いたことすべてを覚えておられた。あるとき、コシポルのガーデンハウスでスワーミー・ラーマクリシュナーナンダが彼のためにアディヤートマ・ラーマーヤナ（ラーマ王の物語）を原本のサンスクリット語で朗読した。スワーミージーは師に「師よ、あなたは読み書きがおできにならない。あなたはこのサンスクリット語の朗読の意味が少しでもおわかりになられるのですか?」とたずねた。師は「私は自分で読むことはできないが、多くのことを聞いてきた。それで私はすべての言葉の意味がわかるのだよ」とおっしゃられた。彼に関するあらゆることがユニークであった。師は私たちにチャイタンニャ・チャリタームリタ、チャイタンニャ・チャンドロダヤその他の聖典を読むよう推奨された。けれども師はときどき「これらの書物は偏っている」とおっしゃられたものだった。

師の人生は、生ける、輝けるウパニシャドであった。もしシュリー・チャイタンニャが生まれず、人生でラーダーとクリシュナへの熱狂的な信仰を表現されなかったら、だれもその意義を理解できなかっただろう。同じように、師は、ウパニシャドの真実をご自身の人生で証明された。ウパニシャドは何世紀にもわたって利用でき、多くの人がそれを読んできた。しかしながら人びとは私たちの教育を受けていない師の前にひれ伏し、師の言葉を聖なる真実として受け入れてきた。師はウパニシャドも他の本も、決して読まれたことはなかった。どのようにして、師がこれらの微妙かつ複雑な真理を、あんなに単純な、また単刀直入なやり方で説明することがおできになるのだろうか?

ヴェーダを読みたいと思ったら、人は最初に文法を覚え、それからさまざまな学者がそれぞれの流儀で解釈した注釈書を読まなければならない。数え切れないほどの学者たちが文言について議論をし続け、なんの結論もだせない。しかしながら、われわれの師は、これらすべての真実を、とても単純な言葉で解き明かした。そして、師の言葉は、今なお失われずに残っている。あなた方の目の前にそのような生ける泉があるのに、なぜ水を求めて井戸を掘る必要があるだろうか？

シュリー・ラーマクリシュナがコシポルのガーデン・ハウスで寝たきりになられたとき、あるときナレンが師に、「師よ、あなたは私に愛情をそそぎ、恩寵を与えてくださいますが私は何を成就できたのか、わからないでいます」と申しあげた。師は、「もう少しお待ち。おまえが何を成就したか、しだいにわかってくるだろう」とおっしゃった。そこでナレンは「師よ、時がくれば私にもわかるとおっしゃいますが、もし私が明日死んでしまったらどうなるのですか？」と答えた。師はただちに「よかろう。おまえはそれ（最高の霊的体験）を明日得るだろう」とお答えになられた。

ある日、師は私に料理を作るよう頼まれ、私の手から食事をされた。師はそんなにも私に親切にされた！　師がお亡くなりになる一日か二日前、師は私たちすべてに師にプディングを食べさせるよう頼まれた。そうして師はすべての束縛をお捨てになられた。

シュリー・ラーマクリシュナのいくつかの特徴

今回の生まれ変わりにおける師の人生においては、超自然的な力や主の性質が完全にみられなかったことが基調をなしている。それ以前の神の化身の人生においては、多かれ少なかれ、超自然的な力の顕現があったことが分かる。例えば、クリシュナはゴヴァルダン山を指一本で持ちあげた。イエスはわずか五切れのパンで五〇〇〇人の人びとに食事を与えた。シャンカラは川を従わせた。ブッダは空を歩いた、などなど。けれども、シュリー・ラーマクリシュナの人生においては、そのような奇跡的な偉業は見つけることができない。

また、他の神の化身たちは、卓越した身体美で世界を魅了した。けれども、シュリー・ラーマクリシュナの身体美は目立たないものだった。あるとき、ギリシュ・ゴーシュが「師よ、なぜ今回は身体美がないのでございますか？」とたずねた。サーダナ（霊的修行）の間、師の体から輝きが発しはじめた。それだから師は聖なる母に、「母よ、身体的な美しさがどうして要りましょうか？　霊的美しさを与えたまえ」と祈られた。

ほとんどの神の化身は聖典に通暁し、ある化身たちは偉大な学者であった。しかし、シュリー・ラーマクリシュナは違っていた。チャイタンニャは当時の無敵の学者たちを論破し、とても有名な学者となった。偉大な哲学者であるシャンカラについては、言うまでもない！　ブッダは聖典を研究し、それが解脱をもたらすものではないことを悟った。ウパニシャドの解釈者であるクリシュナが偉大な学者であったことは、言うまでもない。

けれども、私たちの師はどうだ？　師はほとんど読み書きがおできにならなかった。偉大な学者たちが師と哲学的な事柄について議論をして、驚きのあまり黙り込むようすは見ものであった。なぜだかわかるかね？　議論を通じた理解と悟りを通じた認識とは、世界が違うのだ。ヴァーラーナシーのことについて、地図を学んだからといって、どの程度説明することができるだろうか？ 人びとは最近ヴァーラーナシーに行った人の話を聞くだろう。師は意識のすべての次元をご存じだった。あるとき、スワーミージーがある人物を高く評価した。師はその男の話すことにしばらく耳を傾け、その後でまったく異なる判断をくだされた。スワーミージーが驚いたことに、それが本当であることがわかった。師はでき事や人物に関する独特な洞察力を持っておられた。

他のアヴァター、すなわち化身たちは、それぞれの哲学と教義を述べ伝えた。それぞれがある特定の道に栄光を与えた。けれども、シュリー・ラーマクリシュナは「信仰の数だけ道がある」とおっしゃられた。師は決してご自身の教義を説かれなかった。師は師を愛し、そのために師を訪れる人たちに対して神のことをお話になられた。ケシャブが自分の新聞に師のことを書いた。それをお聞きになった師は彼に、「もしそんなことをするのなら、私のもとにきてはならない」とおっしゃった。師は名声には関心がなかった。師はよく、「花が咲けば、ミツバチは自然にやってくる。人格が形作られれば、世界はその美に引き寄せられるであろう」とおっしゃったものだった。

しだいに人びとは自分たちの宗教的信念が最良のものであると考えるようになり、ある人たちは自分たちの宗教を通じること以外には救いは得られないとまで言うようになる。しかし師は「無限なるものに到達するためには、無限の道がある。教義は道であって、目的ではない。目の見えない人がゾウの足に触った。一人は、ゾウは柱のようなものであると結論づけた。もう一人はゾウの耳に触り、ゾウは箕《み》［二］のようなものだと結論づけた。どちらも正しいが、どちらもまちがっている。あらゆる論争はこのような部分的な経験から起こるのだよ。だれも象全体を見ていないのだ」とおっしゃったものだった。師はご自身の人生を通じ、真理はあらゆる宗教を通じて到達することができることを実演された。宗教的見解について論争するのは、無益なことだ。すべての宗教が真実なのだ。

シュリー・ラーマクリシュナはいつも「人間の人生の目標は神を悟ることである」とおっしゃられた。神なしでは、人生は悲惨に満ちている。それだから、私たちはどんな犠牲を払ってでも神を悟らなければならない。すべての宗教や教義に精通しても、それがなんの役に立つのだろうか？師はいつも「おまえたちはマンゴーを食べるために庭にきたのだ。葉っぱや枝の数を数えて何になるのか？」とおっしゃったものだった。神は形があるものか、形がないものか、とか、転生が真実か、そうでないか、などという議論を続けても、エネルギーの無駄であること以外に何か役に立つことがあるのか？もしあなたがどの道がヴァーラーナシーに通じるか知りたければ、そこに行ったことがある人たちの言葉を信頼する必要がある。そうして後、あなたは自分自身でそこに行って、自分自身の目でようすを確かめなければならない。けれども、もしあなたがそうするかわりに部屋にこもってヴァーラーナシーのようすを想像してめまいを起こしたとしても、その聖なる町の本当の姿はわからないだろう。生まれ変わりのようなことがあろうとなかろうと、それがどうしたというのだ？私の目標は、まさに今生で神を悟ることなのだ。

師はいつも、「必要なのは、心からの、熱心な、あこがれに満ちた、誠実な、神に対する熱望である。ある人が、神のない人生が耐えがたくなったとき、そのときはじめて神はその人に姿を現されるのだ」とおっしゃったものだった。これが師の教えの神髄である。サーダナの間、一日が終わりに近づき、日が西に沈もうとするとき、師は苦悩のあまり涙を流し、「ああ、あなたは行ってしまわれる！　なんということをなさるのですか？　私は変わらない同じ人間であり続けるのに」といつも叫ばれた。そして、この鋭い苦悩の中で、師は顔を地面にこすりつけられたものだった。神を悟ることができないので、師にとっては人生が無意味になった。主がいらっしゃらないことで、毒ヘビにかまれたような激しい苦痛を経験された。師のこの世に対する無関心さがどれほど強烈だったかを想像してみたまえ！　あるとき、種もみがどういうわけか師の長いもつれた髪にくっつき、芽がでた。それほどまでに師は自分の体に注意を払っておられなかった。

神の化身は、それぞれある特定の理想を代表している。それは他の理想がその神の化身の中にないのではない。彼らはすべての理想が具体化したものである。ただ、彼らはその時代の人びとに合わせて公に特定の一つを表現したに過ぎない。チャイタンニャは聖なる愛の化身だった。彼は結晶化した愛だった。同様にシャンカラは知識の権化であり、放棄の化身だった。クリシュナは無私の働きの権化であり、すべての宗教や哲学を総合した。彼はカルマ、ギャーナ、バクティ、そしてヨーガそれぞれが偉大な苦行であることを実証した。このことを実証するため、彼は無私の行為を土台にした人生を生きた。無私の行為は心を清める。そして純粋な心には放棄がやってくる。ブッダにはこの放棄がやってきた。彼は自分自身のためには何も求めなかった。自分自身の救済でさえもだ。彼が行ったことはすべて他者のため、苦悩する人類のためだった。放棄の後には知識がやってくる。シャンカラはこの知識をもたらした。そして知識の後には愛が生じる。チャイタンニャはこの愛をすべての人に分け与えた。人びとはこれらの道はおたがい相反するものであると思う。この時代にシュリー・ラーマクリシュナはこれらの矛盾すべてを取り除き、すべてのヨーガの道とすべての宗教に調和をもたらした。

シュリー・ラーマクリシュナは愛と同情の権化だった。彼の慈悲には限りがなかった。あるとき、師がモトゥルといっしょにヴァーラーナシーに巡礼に行った。そして、道の途中で主シヴァに詣でるためにデーオーガルに滞在した。その地方の人びとの貧困と困窮を見られた師はモトゥルに「これらの人びとに食べ物と衣服を与えてやってください。そうでなければ、私の巡礼はここで終わりにするよ」とおっしゃった。

批判されたにもかかわらず、師は人びとを助けられた。師はガンで耐えがたいほどの苦しみを経験しながらも、神を求める人びとがやってくるのを毎日待っておられた。ときどき師は通りをながめて、「どうしたのだろうか？　今日はだれもこない」とおっしゃった。あるときハズラが師に「なぜあなたはそんなにまでナレンに会いたいと心を悩ませるのですか？　心を神に置きなさい。これらの少年のことを考える理由などない」といった。師は単純な子どものようにハズラの言ったことを真に受け、そこで神の御姿のほとんどをごらんになった場所であるパンチャヴァティに行かれた。そこで聖なる母は、「おまえはなんというおばかさんなのですか？　おまえはこの世に自分の楽しみを求めてきたのですか？　恥を知りなさい！」と師に語った。それから師は「母よ、もし人類のためになら、私は一〇〇万回でも苦悩を味わいます。私は喜んで耐えます」とおっしゃった。半年もたたないうちに師はガンにかかった。師は話すことができず、ささやくことしかできなかった。おなかがすいても食べることができなかった。座っていても寝ていても、安らぐことができなかった。昼も夜も師は全身に焼けるような感覚を感じられた。このすべてのひどい苦悩にもかかわらず、師は人びとに恩寵を与え、神を悟る手助けをすることを止めようとはされなかった。このような状態が一年半も続いたのだ。もしこれが磔《はりつけ》の苦しみでないというのなら、それがどんなものなのか、私にはわからない。

ジャパと瞑想を言いわけにして人びとが座って時間を無駄にしていることを見ることがあるだろう。これは、タマス（不活発）の兆候だ。師は多くの仕事をされた。私たちは師が庭で働かれていたのを見たし、部屋も掃除されていた。師は、ずさんなやり方で仕事をすることをお許しにならなかった。師ご自身があらゆることを正確に、優雅になされた。そして、私たちに同じようにするよう、お教えになった。師は私たちが道具やその他のものを適切な場所に戻さないと、おしかりになったものだった。あるとき、師は私にベテルの巻きたばこを用意する方法をお教えになられた。師はこれらのことすべてをされた。それなのに、師はなんといつも心の内側に意識を向けておられたことだろうか！　もし私たちのだれかが何かを買うときにだまされたら、師はいつも私たちをからかって、「私はおまえたちに信心深くあれ、と頼んでいるが、ばかになれ、とは頼んでいない」とおっしゃったものだった。私たちは、師が多くの機会に「ヨーガは熟練した行動である」とおっしゃられるのを聞いた。

シュリー・ラーマクリシュナは、さまざまな種類のサーダナを実践し、他の宗教を通じて神を悟ることで祝福された。あらゆる存在に神を見ておられたので、師には敵も友もなかった。言い換えれば、師は対立する概念を超越しておられた。師はいつも聖なる愛に酔っておられた。師は宗派やそれに類するものを作ろうとはこれっぽっちも思われていなかった。師はブラフマンを知る者であり、すべてを愛する者であるため、師にとっては、そんなことをすることは不可能だった。師の全一的な経験は、さまざまな宗教の間の違いを取り去った。人びとは、心が弱さや恐れや憎しみに満たされるとき、宗派を作る。私たちの僧団も、もし党派的な要素が入り込むと、きっと失敗するということを知っておきなさい。宗派間の争いがインドの宗教的な文化を破壊したことが幾度もある。小さな池の淀んだ水は汚く、不潔になる。しかし、川の流水は決して汚れない。注意しなさい！私たちの僧団に狂信がないようにしようではないか。決して他人の信仰を邪魔してはならない。

師は利己主義のかけらもお持ちではなかった。聖なる母は、師の肉体を支えるため、師にギャーニ（知識の道をたどる人）としての「私」をお残しになった。私たちはこの目で完全なる謙譲の化身を見た。乞食たちがドッキネッショル寺院の庭で食事を終えたとき、師は彼らの汚れた葉の皿を頭の上にのせて運ばれた。そして、不可触民の掃除夫に対するあらゆる優越感を根絶するために、師は寺院の庭のトイレをご自身の髪の毛で掃除された。謙譲については、師は次の話をされた。「あるとき、グルが弟子に『どうか、何かおまえが自分より劣ると思うものを持ってきなさい』と言った。弟子は、自分より劣るものを見つけることができなかった。そしてついに汚物が自分自身より劣るものであるに違いないと判断した。それで汚物を少し拾おうとしたら、それは、『俺に触るんじゃない！　俺に触るんじゃない！　俺は人間に触れたために、こんな堕落した状態になったのだ。俺がおいしい食べ物だったときは人間は俺を愛した。けれども今や俺は卑しいものになったのだ』と言った。このように汚物が語るのを聞いて、弟子のエゴは砕けた。彼は何物も自分より劣るものはないことを悟ったのだ」

師はご自身が無知な人であるかのように振るまわれた。けれども、なんと多くの科学を師はご存じであったことか！　師は鳥たちの言葉がわかり、人の性格や人格をその体の形から読む、読み方をご存じだった。そして師はヴェーダ、ヴェーダーンタ、プラーナ、そしてタントラをご存じだった。あたかもアムロキの実を自分の手に持っている人はその実のことについてよく知っているように、ほとんどあらゆることを師はご存じだった。師はよく「私は目と顔を見れば、その人の中身がわかるのだ」とおっしゃったものだった。師は初めてやってきた弟子の手足を丹念にお調べになった。師は私に対してもそうされた。どこから師がこうした知識や技術を手に入れられたかは、天のみが知ることだ！

聖典は「アーダヴァ・サウラタム（urdhva sauratam）」、すなわち性欲の完全な克服のことを述べている。もし師のことを知らなかったら、私たちはそんなことは決して信じることができなかっただろう。師がどれほど見事に身体のあらゆる神経や筋肉をコントロールされていたことか！　のどのガンの腫瘍を洗浄するとき、たいへんひどい苦痛を引き起こすのだが、師は私たちにしばらく待つように言い、そして「さあ、洗え」とおっしゃるのだった。その後、師はなんの痛みも苦しみも感じられなかった。

どうしてだか、わかるかね？　ヨーギーたちは、体のすべての部分を統御するようになる。心臓の鼓動ですら止めることができ、体の特定の部分の神経の流れを、意のままに引っ込めるかそらすことができる。その体の部分はまるで無生物と同じように鈍感になる。それはあらゆる感覚の刺激に反応しなくなる。もし君がナイフで刺したとしても反応しないのだ。こうしたことが単なる作り話であるとは思わないように。私たちはこれらすべてのことをこの目で見たのだ。シュリー・クリシュナは、肉体からプラーナ（生命力）を引き揚げた後でゴーピーたちと戯れたのだ。さあ、アーダヴァ・

サウラタムが意味するところを理解するよう努めなさい。

あなたがたは、アヴァターたちはしっかりとアートマンの中に確立しているのだが、それでも、たとえどんなに些細であれ、ある程度は心理的物理的な道具を自分であると思い込むものであることを知らなければならない。けれども、アヴァターたちは、いつでも望めばそれすらひっこめることができるのだ。多少はそうした思いが必要だ。さもなければ、肉体は生き残ることができないだろう。師がよくおっしゃっていたように、「乾燥したココナッツの種は殻とは分離するようになるが、それでもある程度は接触している」のだ。

カーストについて、師はいつも、信者たちはそれ自身で一つの階級を形作っている、とおっしゃったものだ。彼らはおたがいカーストのルールを遵守する必要はない。けれども師は、たとえ高いカーストの生まれであっても、悪い性格の人の手から食べ物を食べることがおできにならなかった。師はそのような人が広げた席にお座りになることすらおできにならなかった。その一方で、だれかが食べた葉の皿に触ろうとされた。その人はただちに「師よ、何をなさろうとされるのですか？　私は禁忌の食べ物を食べたのです。どうか、私の使った葉の皿を触らないようにしてください」と叫んだ。師は、「なんの害もない。おまえの心は純粋だ」とおっしゃった。

食べ物について師はいつも、「もしある人が聖典が認めるもっとも純粋な食べ物を食べたとしても、神への愛がなく、とても世俗的であれば、彼の食べ物は豚や牛と同じである（ヒンドゥ教徒は豚や牛を食べることを禁じられている）」とおっしゃったものだ。

師は身体的清潔さに異常な熱意を持つ人をからかわれた。師はいつもそのような人びとは、「あらゆる不純から自分を遠ざけようとするその努力によって、自分が汚れてしまわないかという恐れに絶えずとらわれてしまい、その結果心が不純になる。それだから彼らが神のことを考えるのは非常に難しいのだ」、とおっしゃった。だからといって、清潔さに関するあらゆるルールを無視することによって啓発された魂になるのだ、などと早合点しないように。

シュリー・ラーマクリシュナは聖なる母にすべてを委ねてこの世を生きられた。そして、ギリシュ・ゴーシュは師にすべてを委ねた。すべてを委ねるということは、自己を他人に完全に明け渡すということを意味する。ギリシュは、自分の欠点を見て、それで自分の霊的福利のために師に明け渡したのだ。これは、本当に難しいことなのだ。人がエゴの痕跡でも持っている場合は、他人に明け渡すことはできない。師はいつも、「すべてを委ねた後は、人は風任せの枯れた葉のように、あるいは母ネコが好んで置く場所ならどこであれ――すてきなベッドの上であっても暖炉の灰の上であっても――そこにとどまる子ネコのように、生きるべきである」とよくおっしゃられたものだった。幸福や不幸にかき乱されることなく心を神の上に置くことができ、アルジュナのように非情な義務のさなかにも、「クリシュナよ、私の心の中にお座りください。そして、あなたが私に欲することであればどんなことでも私は行います」と落ちついて言うことができる人が本当に明け渡した人なのだ。

神はすべての義務を捨て、完全に神のもとに避難する人について責任を負い、すべての罪から解き放たれる。

師は私たちに聖典や聖なる書物を読むよう勧められた。師は「ムクティ・オー・タール・サーダン」(解脱とその修行)のような本を何冊か部屋に置いておいて、私たちにそれを読み聞かせてくれ、と頼まれた。人が神のことについて読むと、師の心は内部に沈潜された。人が常にジャパと瞑想を行うことは不可能である。それだから聖典を学習することはもう一つの修行になるのだ。しかしながら、神の恩寵が現れない限り、すべては不毛だ。ウパニシャドは、「このアートマンは議論によっても、聞くことによっても、ヴェーダを暗記することによっても獲得することはできない。それは、アートマンが選ぶ者によって悟られるのだ」と言っている。そのような人に対してそれは本当の性質を明らかにするのだ。神の恩寵がやってくれば、人は無限の知識を得る。そうすると、彼は本を読むことは気にかけなくなる。直接的な悟りと単なる本の知識との間には大きな違いがある。師はいつも「南風が吹かない限り、うちわが必要なのだ」とおっしゃったものだ。

聖地を巡礼することとは、神意識を目覚めさせる。しかしながら師はいつも「ここ(すなわち、心の中)にそれを持たない者は、そこ(すなわち、聖地)でも持たない。ここにそれを持つ者は、そこでもそれを得る」とおっしゃったものだ。巡礼は場を聖なるものにする。苦悩する人びとは聖地で平安を得る。なぜなら、聖なる人びとがそこをよき思いと霊的な波動で清めるからだ。そして同様に、もし世俗的な人びとがそこを悪しき思いと行為によって汚せば、聖地は偉大さと清らかさを失うのだ。昔は真の帰依者は非常に苦労して巡礼を行ったものだった。しかし、今や金持ちが気分転換か他のつまらない理由で聖地を巡礼している。

神の思いだけに没入できるように、シュリー・ラーマクリシュナがあなたがたを祝福なさいますように。神は話だけのことではなく、知ることのできる対象なのだ。まさに今生でどんな犠牲を払っても彼を見つけなければならない。神を悟ることを通して以外、悩める人類が永遠の平安を得る方法はないのだ。彼だけが私たちの焼け焦がれるような心をいやすことができるのだ。

［1］インドの人たちは普通足を組んで床の上に座る。このため、居間でお客をもてなすために椅子のかわりにカーペットかマットレスを使う。

［二］竹等を編んだもので、脱穀した穀物を入れ、両手で持って上下にゆさぶり、自然による風の力でくずだけを飛ばす物。

［出典：Sri Ramakrishna, The Great Master, by Swami Saradananda (Madras: Sri Ramakrishna Math), vol. 2, 1979; Premananda, by Swami Omkareswarananda (Deoghar: Ramakrishna Sadhan Mandir), vols. I & II, 1935 & 1946; Swami Premanander Patravali (Bombay: Ramakrishna Math), 1963; Swami Premananda (Antpur: Ramakrishna-Premananda Ashrama), 1965; Spiritual Talks, by The First Disciples of Sri Ramakrishna (Calcutta: Advaita Ashrama), 1968; Swami Premananda: Teachings and Reminiscences, by Swami Prabhavananda (Hollywood: Vedanta Press), 1968; Prabuddha Bharata (Mayavati: Advaita Ashrama), December 1937 & August 1948〕

スワーミー・ラーマクリシュナーナンダ

第五章　スワーミー・ラーマクリシュナーナンダ

スワーミー・ラーマクリシュナーナンダ（一八六三～一九一一）は、いとこのスワーミー・サーラダーナンダといっしょにシュリー・ラーマクリシュナのもとにやってきた。そのとき、二人は大学生であった。シュリー・ラーマクリシュナに対する献身的な奉仕のゆえに、彼は師の名前にちなんだ僧名を授けられた。スワーミー・ヴィヴェーカーナンダは、最初の西洋訪問からインドに帰国したとき、スワーミー・ラーマクリシュナーナンダを、センター開設のためマドラスに派遣した。

I

シュリー・ラーマクリシュナの人間性

シュリー・ラーマクリシュナに関するあらゆることが超人的であった。私は、師が「この部屋の鍵は、反対側にまわす必要がある」とおっしゃられるのを聞いた。これは、もし人が知識を得ようとするならば、世俗的な方法は役に立たない、という意味である。シュリー・クリシュナも同じことを教えておられる。「あらゆる生き物にとっての夜は、自分を制御している者にとっては昼である。あらゆる生き物にとって昼の場所に、聖者は夜をみる」(バガヴァッド・ギーター、二・六九)。シュリー・ラーマクリシュナの純潔な人生は、このギーターの教えのさんぜんと輝く実例である。師の人生は常人の理解を超えている。というのは、人びとがよいものとみなすものは、師の目からみれば悪いものであり、師は人びとが幸せと平安を与えてくれるとみなすものは、すべての悲惨さと不安の原因であることをご存じであった。師の神聖な力は比類なきものであり、あらがいがたいものであった。この驚嘆すべき天才のことを説明するためには、師の人生からいくつかの実例を引用することが必要である。

偉大な力のお遊びがあるところに、神は顕現している。人はたずねるかも知れない。「給料がたった七ルピーの寺院の僧に、果たして神の顕現として人びとにあがめられる偉大さを見いだすことができるものだろうか?」と。人間の視点からみると、それは不可能に思える。数年前は、シュリー・ラーマクリシュナの偉大さは広く世間に知られていなかった。しかし今日、師のことを聞いたことがない国はなく、師を深い敬意をもって評価しない国はない。なぜか? 師の貧しさと教育の欠如は師の偉大さを際立たせる二つの要素である。目的は、ある特定の手段を通じて達成される。その手段を実践することにより、達成されるのである。それだから、何ら目に見える手段を使わず、また何ら努力することなく、立派な目的を達成することができる人が、偉大な力を持っているということはだれの目にも明らかだ。

武器や弾薬を持たずにたった一人で装備された軍隊を打ち負かすことができる者には神聖な力が現れていることを、人ははっきりと認めなければならない。今日、もし人が学者になりたいと思ったならば、たくさんの本を勉強する。読んだ本の数が多ければ多いほど、彼は学識があるとみなされる。しかしながらシュリー・ラーマクリシュナは本を勉強されなかった。ときどき、師は「グランタ・グランティ」、すなわち、本は結び目である、とおっしゃった。単なる本の学習は、たいがいの場合、人のエゴを増大させ、この世に人を縛りつける。

シュリー・ラーマクリシュナが若かった頃、師は、この世は無常であり、神が真実であることを説くヴェーダーンタ哲学の学者に出会われた。師は話を聞き、その学者はこの世の執着から自由であるとお考えになった。しかしながらある日、師はその学者がわずかばかりの米のために僧として儀式を行うのをごらんになった。このことから師は、単なる本の知識は人が真の知識を得る助けにはならないこと、そしてそれを得る何か別の方法があるに違いないことを確信された。それだから師は本で学ぶことを忌み嫌われたのだった。後に、学者たちがヴェーダーンタの超越した真理を語るのをお聞きになり、彼らをハゲタカにたとえられた。ハゲタカは、非常に高く舞い上がっても、目はいつも納骨堂の穴にそそがれている。それと同様、学者たちはいつも高尚な霊的な事柄を語るが、彼らの心は金の上にあるのだ。あるとき、ある弟子がパーシー教の文献を勉強し、師への奉仕を怠った。シュリー・ラーマクリシュナは彼に「ねえ、この本はおまえの心をもっと落ちつかなくさせる。それは、おまえの神への愛を壊してしまいかねないよ」とおっしゃられた。その弟子はこの叱責で正気を取り戻した。

たくさんの本を読みすぎることによって心は他人の考えでいっぱいになり、自分の心で考える能力を失ってしまう。もし本を学習し、思考が刺激されるのであれば、それはよいことである。しかし、もし自分の考える能力を損なうのであれば、それは避けるべきである。

シュリー・ラーマクリシュナはそのような学習を避け、自分自身の純粋なこころで霊的な知識を探し求められた。短期間のうちに師は、深く広い知識を獲得され、尽きることのないその宝庫からそれを惜しげもなく人びとに分け与えられた。金持ちも、貧乏人も、学識ある者も、無知な者も、だれもがみな、師の聖なる言葉を聞くことで自分が祝福されていると感じた。

ウパニシャドでは、高い知識と低い知識の二通りの知識があるとされている。低い知識は、文献の学習である。一方、高い知識は神を悟ることに通じる知識である。私たちは、この真理をシュリー・ラーマクリシュナに接するようになるまでは理解できなかった。師の高い知識（ブラフマンの知識）の助けにより、師は学者たちの無知も、文盲の人たちの無知も、どちらも消し去ることがおできになった。このような現象は他のどこでも見ることはできなかった。このことは、師が神の化身であることを証明するものである。

今日、富なしに人が尊敬されることは、ほとんど不可能である。富は愚か者でさえ学識があるように見せ、不可能を可能にする。それだから今日、富はあらゆるところで崇拝されている。しかしながら、シュリー・ラーマクリシュナは、富への執着は魂を束縛し、あらゆる悪の根源となっていることにお気づきであった。師はお金を非常に嫌っておられたので、金属に触れることさえおできにならなかった。もし師の手が何かそのような対象物に触れられた場合、手がまひしてしまったのだった。裕福な人びとが師に仕え、師のためにお金を使うことで祝福されたと感じたのは、師がお金を完全に放棄されていたためである。富はそれを放棄した者に流れ込む。この事実は、シュリー・ラーマクリシュナの生涯において証明された。

世俗に生きる者にとって、どんな予期せぬ事態が起きるかだれにもわからないため、将来のために蓄えることは必要不可欠なことである。しかしながら、シュリー・ラーマクリシュナは、次の瞬間のためにでさえ、何かを蓄えるということはおできにならなかった。師はまったく無執着であられたため、他の人たちが師のために必要なものを準備したのであった。ギーターには次のように書かれている。「ひたすら私を礼拝し、他を思わず、敬虔であれば、私は必要な一切を彼に与え、彼の持つものを保護する」（九・二二）。しかし、当時私たちは、ここに書かれていることの本当の重要性を理解できないでいた。後に、シュリー・ラーマクリシュナの神聖な人生で、私たちはその意味をはっきりと理解したのだった。

この世においては、愛情のきずなだけが幸福のもとである。人びとはこの甘い束縛ゆえに家庭生活を楽しむ。この束縛ゆえに人は家を建て、衣服を紡ぎ、金庫にものを蓄え、扉を閉め、結び目つきの衣装で身を装う。そのような束縛がない者は、托鉢して歩く人である。乞食でさえ、なくしたりしないように、古い、すり切れたぼろぼろの布を一つにまとめて持ち歩く。それだから、この世に生きる限り、ある種の束縛は人にとって必要不可欠なものである。しかしながら、シュリー・ラーマクリシュナは、あらゆる種類の束縛を恐れられた。束縛は魂をこの世に縛り、人を神に到達させない。束縛は人の貴重な自由を奪うのである。束縛は人のハートを拡大させない。神の美酒を飲みたいと欲する者、あるいはマーヤーの領域を自由に、恐れなく動きたいと欲する者は、心にいかなる執着の縛りも持つべきではない。実際、シュリー・ラーマクリシュナは、執着を極度に避けておられたため、部屋の中にどんな鍵もかけることはおできにならなかった。また、師は自分の服でさえ、腰に巻きつけることがおできにならなかった。だれかが師のためにそれをしなくてはならなかった。師の性格は、まるで五歳の子どものようだった。そのため、聖なる母は、師の世話をするために、何人かの従者を任命した。彼らはこの偉大な魂に仕えることができて、祝福されたと感じた。

シュリー・ラーマクリシュナは、聖なる母であるカーリーこそが真の母親であることをご存じだった。子どもが母親のひざの上を離れるのを渋るように、師も愛する母から離れることを嫌がられた。師は常に聖なる母とともにお暮らしになり、至福の大海を恐れなくただよっておられた。師は聖なる母を除いて他にこの世のどこにも純粋な至福を得ることはできないことをよくご存じであった。この理由から師は至福を求める求道者を母のもとに導かれたものだった。実際のところ、あなたがあらゆる女性を自分の母親だとみなせば、女性たちもあなたのことを自分の子どもであるとみなすだろう。けれども、あなたが女性たちを色情の目で見た途端、あなたは結婚したいという強い願望にとらわれてしまうだろう。そして、いったん結婚してしまえば、妻を養うという責任があなたの双肩にのしかかる。妻は面倒をみてもらわなければならない。結婚する前は、あなたは責任を負わずに生きており、大きな喜びに満たされていた。あなたは他の人によって養われていた。しかし、いったんあなたが結婚生活という重荷を受け入れてしまえば、あなたは心配という熱で焼け焦げてしまう。あなたは頭上に悲惨の重荷を背負い、困難な人生を送るだろう。それだから、シュリー・ラーマクリシュナはいつも、「生まれたばかりの子ウシをみてごらん。まるで楽しむために生まれてきたかのように、大喜びで走り回っている。けれども、首に綱を巻かれた日からゆううつに見え、幸福はしだいに消え失せていく。結婚する前は、人は子ウシと同じように幸せだ。けれども、世間のきずなという綱が首に巻かれるとき、幸福は彼を見捨てるのだよ」とおっしゃっていたのである。

自由が幸福の源だ。自由は人を全能にする。シュリー・ラーマクリシュナは、決して自由を失うことがなかった。どんなきずなも彼を縛ることはできなかった。加えて、彼の心は、無限の宇宙のように広大であった。それだから、師は世界の宗教のすべてを理解することができたのだ。師はいつも、「神はこれであるとか、それであるなどと言ってはならない。神が本当はどのようなものかということについては、だれも知りえた者はおらず、また、今後も知りうる者はいないのであるから。神は意識の大海である。シュカ、サナカやナーラダのような聖者は、その大海のひとしずくを飲み、神に酔ってしまった。私は神を有形、無形、そしてそれを超えるものとして体験してきた。けれども、神が本当はどんなものであるかを、私は知らない。世界中のあらゆる宗教は、彼に至るための異なった道である。おまえの出身地の宗教に定められた道に誠実に従いなさい。そうすれば、適切な時期に、永遠の至福に安住できるだろう」とおっしゃっていた。

シュリー・ラーマクリシュナにはエゴのかけらもなかった。師は、私や私のもの、とおっしゃることができず、いつも自分自身を指差して「この場所」とおっしゃっていた。たとえば、何か師のご意見と異なることがあった場合に師は、「それはこの場所の意見とは異なる」とおっしゃった。師の中にエゴの意識がなかったため、聖なる母の宇宙のエゴが師を通して働いた。お戯れ好きなカーリーであられる宇宙の母が、シュリー・ラーマクリシュナの姿で下生され、無数の子どもたちに知識と信仰を授けたのである。

私は読者がシュリー・ラーマクリシュナの人となりを、いくばくかでも理解できるように努めた。しかし、師の無限の栄光の、たとえごく一部であっても、それを十分に描写することは、私の力量を超えている。もしもあなたが真実を知りたいと強く願うのなら、純粋無垢で哀れみ深い、シュリー・

ラーマクリシュナの生涯について深く考えてみるがよい。しだいにあなたのハートにおのずから真実が明らかとなり、あなたは無限の力と、平和と、喜びを得るだろう。あなたは自分自身が祝福されたと思うだろう。

II

シュリー・ラーマクリシュナとケシャブ・チャンドラ・セン

シュリー・ラーマクリシュナを発見し、世に知らしめたと言いうるのは、ケシャブ・チャンドラ・センであった。当時ケシャブは、カルカッタでもっとも著名な人物であった。彼の教会はいつも人がいっぱいで、多くの若者が彼の熱心な信奉者であった。実際、彼に感動しないというのは、不可能なことであった。彼が自分の教会に白いローブを着て登壇し神のことを話すとき、ほおには涙が流れた。会衆の中で目を潤ませない者はいなかった。彼は本当に偉大な魂で、真の信者だった。シュリー・ラーマクリシュナは彼のうわさを聞き、ドッキネッショルからそう遠くない屋外施設にいることを知って、会いに行きたいとおっしゃった。

師がお入りになったとき、ケシャブは大勢の弟子たちに取り囲まれて座りながら瞑想をしていた。これらの洋風かぶれの若者たちは、質素な身なりのサードゥ（出家の修行者）を軽べつしたようにながめた。そして、ケシャブが目を開けたときに、師が「あなたのしっぽは抜け落ちているとみえる」とおっしゃるやいなや、このよそ者は気が狂っているに違いないと思って、大声で笑い始めた。ケシャブは彼らを制した。それから師は若者たちの無礼をまったく気にかけず、「おたまじゃくしがしっぽがあるときは、水の中でしか暮らせない。けれども、しっぽが抜け落ちると、地上でも水の中でも暮らせる。だから、私はあなたが世間の中でも、神の中でも暮らせることがわかったのだ」と説明された。ケシャブは弟子たちに向かって、「この聖者が、なんと知恵のあるお言葉をおっしゃったことか、おまえたちわかったか」と言った。それで彼らは皆恥じ入ったのだった。

私はこのドッキネッショルにおられるパラマハンサにお目にかかりたいと思った。というのは、ケシャブが師のことを賞賛していたからだ。そこである日、私は一五人か二〇人ばかりの少年たちといっしょに訪れた。私は当時、F・A（ファースト・アーツ）学部入学を目指して勉強中で、他の少年たちも大学受験勉強中だった。一行の中で私が一番年長であったため、会話は私に対してなされた。

師のもとを訪れる者はだれでも、はじめに自分が一番知っている話題について質問されるのだった。訪問者は、最初は一番熱心に聞いてくれる師に、まるで教えるかのように雄弁に話を始めたものだった。彼は自信を持って話をするのだが、必ず何らかの重大な誤りを犯すのだった。

それから師はやさしく訪問者を点検し、非常な英知をもって彼の誤りを指摘したので、彼は驚いて聞き入り、突然自分がこんなに遠慮なく話しているこの男が、実は偉大な聖者であることに気がつくのだった。そして、二度と師の面前であえて話をしようとすることはなかった。それは私についても起こった。シュリー・ラーマクリシュナは私に、無形の神を信じるのか、形ある神を信じるのかをたずねた。私はそもそも神が存在するかどうかということを、ぺらぺらとしゃべり始めた。

すべてのシュリー・ラーマクリシュナの弟子がケシャブ・センを通じてやってきたとは言えないが、ケシャブの師に対する傾倒が、弟子たちを師のもとに導く上で大きな影響を及ぼしたことについては疑いようがない。ケシャブは、いつもシュリー・ラーマクリシュナに対して、ブラーフモ・サマージにくるように促していた。そしてあるとき、師はそこに行った。師が入ってくるのをケシャブが見たとき、ケシャブは高い席から降り、シュリー・ラーマクリシュナに彼の席を指し示した。けれども師は、「いや、いや。いつもおまえがやっているように説教を続けておくれ」とおっしゃった。師にはケシャブと張り合おうとか、彼の高い地位を奪おうといった気持ちはみじんもなかった。師はいつも、「母よ！ すべての名声はケシャブのものでありますように。私には、あなたの聖なるみ足に対する真実の信仰をお与えください」と祈っておられた。

あるとき、師はケシャブのサマージが主催する劇に招待された。サマージのメンバーの一人が師と話しながら、「ケシャブは神の偉大な愛好者だ。彼は主ガウラーンガの生まれ変わりに違いない。そして、プラタープ・マジュンダールがいつも彼の仲間だった。それだから、彼はニッテャナンダの生まれ変わりに違いない。さて、あなたは何者だ？」と言った。師は手をたたいて頭を下げてお辞儀をして、「私は彼らの召し使いなのだよ」とお答えになった。この会話をケシャブが聞くと、彼はその男に向かって、「このばか者！　なんと愚かな話し方をするのだ？」と言った。

ある日、師はケシャブに対してバクティの異なる段階について説明された。ケシャブは熱心に、「それで、それから次はどうなるのですか？」とたずねた。師は、「ケシャブ、もし私がおまえに教えたら、おまえは教えることをあきらめなければならないよ。教える者と教えられる者という概念がまったくなくなってしまうのだ。準備はできているかい？」と答えられた。「いいえ。そこまでは行きたくありません」とケシャブは答えた。当時ケシャブは、教えを求めてきた何千人もの弟子たちのグルであり、人類を助けることが義務であると思っていた。シュリー・ラーマクリシュナは、ケシャブは神の永遠の働き手であり、人類を助けるために何度も生まれ変わってくるだろう、と断言されておられた。

教師としてのシュリー・ラーマクリシュナ

師は実際のところ、お生まれになったときから教えてこられた。師の全生涯は、長い授業だった。師は子どもでも理解できる、簡単な言葉を用いられたのに、その言葉は偉大な聖者しか思いつくことができない思想を伝えた。それが師の特徴であった。

人びとが彼のもとにやってきて、霊的人生に入るためのイニシエイションを求めたものだったが、彼はいつも、「ねえ、おまえ。おまえはサードゥにはならないよ。地位を求めて家族を養うのがよい」などとおっしゃったものだった。師は一目でその人が何にふさわしいのかを知ることがおできになった。あるときある弟子が、なぜ他人の心の中がそんなにはっきりとわかるのか、師にたずねた。師は、「窓をのぞいてみたら、部屋の中がまる見えだろう？ それと同じように、私は人の目を通して、その背後にあるものをみるのだよ」とお答えになられた。

シュリー・ラーマクリシュナは、決して伝道されなかった。もし師がどこかに行かれる場合は、善男善女のつどいであって、聖なる交際により祝福されるためである。それが師のお考えであった。しかし、彼らといっしょにいると、師の内なる聖なる母が目を覚まされ、師は話を始められるのだった。聞き手が大勢いようが少数であろうと、関係なかった。

シュリー・ラーマクリシュナは、話やふるまいに細心の注意を払われた。師に比べれば、私たちは皆田舎者だ。いつ私たちは人を気が狂っていると呼ぶか？ 考えと言葉が矛盾しているときか、他人と違うふるまいをするときである。しかし、そのどちらもシュリー・ラーマクリシュナには当てはまらなかった。師はいつもとても礼儀正しく、お話になることは、すべて英知に満ちあふれていた。たとえ師がお座りになって聖母の像に話かけたとしても、人びとは師を気が狂ったと考えることはとてもできなかっただろう。師はなんのために行動されたのか？ 師は、師の言葉に畏敬の念を感じて、師の前に座っている人たちの人生を形作っておられたのである。師は彼らの心の奥にある欲求を満たし、重荷を取り除いておられたのだった。

師は非常にすばらしい力をお持ちだった。師に会うたびに、人は偉大な主が自分の背後に、そして心の中に降臨されたように感じるのだった。人の心に生じた疑問は、なんであれ確実に晴れ、どんな質問もする必要はなかった。けれども師はいつもだれに対しても素朴で謙虚にふるまい、いつも赤ん坊からでさえ学ぶ用意ができていた。

（シュリー・ラーマクリシュナは、あるとき、学者にたずねた）「おまえは、主から許しを得ているのかね？　主はおまえに教えるように命じたのかね？」その学者がそうではないことを認めたとき、シュリー・ラーマクリシュナはおっしゃった。「それでは、おまえの説教は無価値だ。人びとはしばらくの間はおまえの言うことを聞くだろう。けれどもそれは長続きはしない」と師がおっしゃったことは、本当だった。まもなくその学者は人気をなくし、皆が彼を批判し始めた。このため、その学者は説教することをやめた。それからその学者はある日ドッキネッショルにやってきて師の前にひれ伏し、そして言った。「この間ずっと私たちはもみ殻をかみ続け、あなたは実をお食べになっておられた。私たちは無味乾燥な本に満足していたが、あなたは人生を楽しんでおられた」

師がシーターのことをお話になるとき、師は完全にシーターになり切ってしまわれ、師とシーターとの間には全然差がなかった。もしヴァイシュナヴァ派の信者が師のもとにやってきたら、師はたちどころに主ガウラーンガのようになられた。師はふるまい、話、外観もそのようになられた。それだから、信者たちは師の前にひれ伏し、「私たちはあなたの中に主ガウラーンガをみた」と言ったものだった。

あるとき、キリスト教のクエーカー教徒が師のもとを訪れた。そして、シュリー・ラーマクリシュナがキリストのことを話したとき、その男の顔には涙がつたい、師の足をつかんで床にくずれ落ち、そして「あなたの中にキリストをみた」と泣き叫んだ。同じように、イスラーム教徒が師のもとを訪ねたとき、師はあまりにもモハメッドと一体になっていたため、彼らは師の中に彼らの預言者をみたのだった。しかしながら、これらすべての異なる顕現の中に、いつもただひとつのラーマクリシュナがおられたのでした。

ヴァイシュナヴァ派は、バジャン（神への賛歌）をうたう習慣がある。彼らは、シュリー・ラーマクリシュナをパラマハンサとみなしていたため、あるとき師に集会に参加するようにお願いした。ホールの中には主ガウラーンガの座とみなされている高い席があった。歌ははじめに主ガウラーンガが降臨し座に着くことを呼び求める歌から始められる習わしだった。それなしでは、彼らにとって主を適切にほめたたえることは不可能だっただろう。主が降臨し、その座に着くものと本当に信じていたのである。

師が参加したその日、彼らが祈り始めるやいなや、師は突然立ち上がり、進み出て、その神聖な席に座られた。ある者は、それでよい、なぜなら師は聖者として知られているから、と考えたが、憤慨した者もいた。しかしながら、師はサマーディの状態におられたため、また同時におそらくは師のそばにいた、屈強でいつも師の護衛をしていたフリダイを恐れて、だれもあえて師を止めようとはしなかった。それだから集会は続けられ、師はその間その座にお座りになっておられた。

師が主ガウラーンガの座に座ったことに反対した者の中に、有名な僧、バガヴァーンダースがいた。彼は、不賛成であるとはっきりと言った。しばらくたって、バガヴァーンダースがいろいろ師に対し言っていると聞き、シュリー・ラーマクリシュナは彼に会いに行きたいとおっしゃられた。モトゥル・バーブが舟を用意し、一行は出かけた。しかし、その間中ずっとモトゥル・バーブは「ババ（父）よ、どうしてその男を訪問したいとおっしゃるのですか？ あやつはそんなことを言うのですから、非常に悪いやつに違いありません。どうして私たちが行かなければならないのですか？」と言い続けた。けれども、シュリー・ラーマクリシュナは、「さあ、行こう」とお答えになった。彼らが目的地に着いたとき、師は舟を下りず、フリダイを遣わしてその僧が訪問を受け入れるかどうかを確認した。バガヴァーンダースは師がいらっしゃると聞いて、舟に駆けつけ、師の前にひれ伏し、「おお、お許しください、お許しください。私はあなたが何者であるかを知らなかったのです」と叫んだ。シュリー・ラーマクリシュナはすぐに慰めの言葉をかけ、彼の心を落ちつかせた。

バガヴァーンダースは本当に偉大な僧であり、ときどきサマーディに入る力を有していた。そうした状態にあったとき、シュリー・ラーマクリシュナが何者であるのかが明らかになったようである。そして、自分がとんでもないまちがいを犯したことに気がついて、悲嘆に暮れていたのだった。そのとき以降、彼は皆にシュリー・ラーマクリシュナは主ガウラーンガの座に座る権利がある、なぜなら師は神の化身であるからだ、と皆に言ってまわったのだった。

師はだれも非難なさらなかった。師はたちどころにあらゆることをお許しになった。師は私たちに、よく人間と神との違いについて、次のようにおっしゃったものだった。もし人が神にお仕えし、九九回しくじったものの、一〇〇回目にほんの少しだけ愛情を込めてお仕えしたならば、神は九九回の失敗をお忘れになり、「おお、私の信者が今日こんなにもよく私に仕えてくれた!」とおっしゃるだろう。しかし、もし人が他の人に九九回立派に仕え、一〇〇回目にしくじれば、その人は九九回のすばらしい奉仕を忘れ、「この悪党めは、今日私に仕えるのにしくじった」と言うだろう、と。もしもほんの少しでもよいところがあれば、シュリー・ラーマクリシュナはそれだけを見て、他のすべてのことは大目にみてくださった。

シュリー・ラーマクリシュナと弟子たち

ナレン(スワーミー・ヴィヴェーカーナンダ)が初めて師のもとを訪れたときのことについて師は、「この少年が部屋に入ってくるのを見たとき、私はこんな少年が、だれもが金と快楽に夢中で、あらゆることがラジャス的（極端に活動的）なカルカッタの出身であることが、果たしてあり得るのだろうか？　と思ったのだよ。私には、彼の心の四分の三は内面に向かい、残りの四分の一だけで外界のことをすべて行っていたことがわかった。彼の肩掛けは地面をひきずり、髪の毛はぼさぼさで、あたかもそんなことは気にかけないといったようすだった」とおっしゃった。

（ナレンの二回目のドッキネッショル訪問の間）ナレンが座ったとき、シュリー・ラーマクリシュナはナレンにもたれかかり、ボタンがはずれていたシャツの前から心臓あたりにお触れになられた。ナレンは後で私に、「部屋の壁が後退し、消え始めた。それから川とカルカッタすべても消えてしまった。部屋の床は地中に沈み込んでしまうかのようだった。そしてついに私の前に立っているこのブラーミン（シュリー・ラーマクリシュナ）以外のものはすべてなくなり、私はあたかも広大な真空のまっただ中にいるようだった」と言った。彼はそう語ったが、師はそのときのことを後で、このでき事が起こっている最中にナレンが「何をなさるのですか？　私には母も、面倒をみなければならない弟たちもいるのです」と叫んだとおっしゃった。けれども、ナレンはそのことを覚えていなかった。

後日、私がシュリー・ラーマクリシュナに神が存在されるか否かをおたずねしたとき、師はナレーンドラ少年のところに行き、彼にたずねよ、とおっしゃった。私は行って彼にたずねた。そのときナレンは私にこの話をした。そして彼はその後一五日か二〇日くらい、神をあらゆるところに見た、と付けくわえた。あらゆるものが生きているように見え、地面も、壁も、あらゆる場所に生命があったのだ。それで彼はこのブラーミンが並のパラマハンサではないことを悟ったのだ。

あるとき、ケシャブ作のドラマが上演され、ナレンはサンニャーシン（ヒンドゥの出家僧）の役を演じることになった。師はそれを聞かれたとき、とてもお喜びになり、劇に連れて行って欲しいと言い張られた。ナレンはとても見事に役を演じた。そして劇が終わると、師は赤茶色の衣をまとったナレーンドラをもう一度見ることができるよう、舞台にナレーンドラを連れて来させた。ナレンがサンニャーシンの衣を身につけることは、師にとって最高にうれしいことのようであった。

はじめからシュリー・ラーマクリシュナのナレンに対する愛情には限りがなかった。ナレンがしばらく寺院に行くことができないとき、師はとても落ちつきがなくなり、泣きさえした。あるとき私が師といっしょにいたとき、師はナレンがきているかどうかを確かめるために、最初部屋のガンガーに面しているそばに、次に道路のそばに何度も走り寄った。最後に師は私に馬車を呼ぶようにおっしゃった。私は三キロ走って馬車を確保し、師といっしょにナレンの家に出かけた。私たちは一階の散らかった自室に彼がいるのを見た。ナレンは「どうしていらっしゃったのですか？ こんな風にサードゥが私のところにくるのを見たら、私の家族がどんな風に思うでしょうか？」と、明らかに困惑の色を浮かべて師を見つめてたずねた。実際のところは、彼は師が自分にこんなにも敬意を払うのに困惑していたのだった。

シュリー・ラーマクリシュナは、いつも弟子たちの中には、彼のアンタランガの者、すなわち、内輪の者がおり、師が下生するときにはいつもいっしょにくるのだ、とおっしゃった。それは、ナレーンドラ、ラカル、バーブラーム、それにニランジャンであった。師はいつも、ニランジャンは長生きしないとおっしゃり、実際彼は長生きしなかった。師は、これらの内輪の者のうち、ナレンが師をもっともよく理解するであろうとおっしゃった。

しかしながらこの理解は、すぐにはやってこなかった。ナレンは師を何度も疑った。そしてナレンは自分の信仰の欠如を後悔し、涙を流すのだった。彼を責めるかわりにシュリー・ラーマクリシュナは彼といっしょに泣き、彼をなぐさめようとなさった。それでも疑いは生じた。師が肉体を捨てられるほんの直前のときでさえ、疑いは生じた。その疑いは言葉に発せられることはなかった。けれども師はナレンの思いを察知し、「かつてラーマであり、クリシュナであった者が、今ラーマクリシュナになったのだ」と三度も強調された。この三度のくり返しは、その発言が疑いの余地のないものであることを示している。

ナレンがまだ大学に通っていたとき、一日中勉強し、夜は瞑想に費やしていた。頭脳の絶えまない酷使のために、ナレンは激しい頭痛に悩まされ、数日間ベッドでのたうち回った。師はこのことをお聞きになり、近所の信者の家のところにこられ、ナレンを呼びにやった。だれかが「けれどもナレンはベッドから起き上がることができないのです」と説明した。「ただ彼に伝えよ。彼はくる」

と師はお答えになった。ナレンがきて師のそばに座った。師はナレンの髪の毛を、愛情を込めてなでられ、「わが子よ、いったいどうしたのかね？　おまえは頭痛がするのだね？」とおっしゃった。ナレンは、たちどころに頭痛が消えた、と言った。

寺院が混むのは日曜日だけであった。その他の日には師は少数の選ばれた弟子たちだけとすごされた。だれもが師といっしょにすごせたわけではなく、ただ師に選ばれた者たちだけがごいっしょした。なぜ師は彼らをそばに置かれたのだろうか？　それは、彼らを完璧にするためだった。ちょうど金細工師が金塊を細工し形作るように、師は彼らの人生がまったく変容し、師が刻印した印象を決して忘れることがないようにするために形作ったのだ。

師は人が適しているか否かを瞬時に見分ける特殊な力をお持ちだった。ときどき人びとがやってきて彼のもとにとどまりたいと思う。けれども師は彼らがふさわしくないことを見て取り、子どものような率直さで「おまえは家に帰った方がよい」とおっしゃった。ときおり祭りがあって師が弟子たちといっしょにいるときに、たまにあまり性質がよくないが、師の前では善良そうに振るまおうとする人がやってきたものだった。師はたちどころにそういう人を見つけ、「ここに純粋ではない者がいる。そいつは私の子どもたちを台無しにしてしまうだろう」とおっしゃって、ただちにその人を立ち去らせたものだった。師が特別な弟子たちだけといっしょにいるときは、うたい、話をし、いっしょに遊ばれた。もし訪問者が訪ねてきたときは、師は彼に「行って沐浴してきなさい。何か食べてしばらく休んでいなさい」とおっしゃったものだ。それから午後二時になると師は話し始め、五、六時間立て続けにお教えになられた。いつ止めるのかを、師ご自身ご存じなかった。

ときどき師は朝の四時に起きられ、師の部屋で寝ている弟子たちを起こし、「何をやっているのだね？　眠りほうけているのかね？　起きなさい。マットを敷きなさい。そして瞑想しなさい」とおっしゃった。ときどき師は深夜に起き、弟子たちを起こされ、一晩中うたったり主の御名をとなえたりした。

すべての弟子たちはまだ一〇代か二〇代前半の、順応性がある年頃であった。うち二人はやっと一六歳になったばかりだった。師は彼らがまるで小さな子どもでもあるかのようにいっしょに遊んだ。師はお遊びがとても好きで、ある日、弟子の少年たちといっしょにパンチャヴァティの近くでカエル跳びのゲームをしておられるところを訪問者が発見した。ときどき師はものまねで笑いを沸き起こした。それからふたたび厳粛になり、弟子たちを夜明けよりずっと早く起こし、寝ていたマットの上に瞑想のために座らせたものだった。そして夕方には菩提樹の下で瞑想するようにおっしゃった。

師は、「もしおまえたちが、私が修行した一六分の一でも修行をすれば、おまえたちは必ず目的を達するだろう」とおっしゃった。しかしながら、その一六分の一の修行がどうしても必要なのだ。師は写真をアルバムに貼るようには悟りをお与えになることはできなかった。あるとき、ある人が師に「あなたはただのひと触れで人を完成に至らせる力をお持ちであるのに、なぜそうなさらないのですか？」とたずねた。師は「それは、もし私がそうすると、その人は完成の域にとどまることができないからだ。人は成長し、それにふさわしくなるように準備しなければならないのだよ」とお答えになった。

師のなさり方は独特だった。師は人にすべてを放棄せよとはおっしゃらなかった。それとは反対に、師は「子どもたちよ、続けなさい。すべての願望を楽しむがよい。聖なる母は、この宇宙を、おまえが楽しむようにお与えになったのだ。けれども、楽しんでいるときは、それがおまえ自身に由来するのではなく、母の恵み深さの賜《たまもの》なのだ、ということを覚えておきなさい。楽しみの中で母を忘れるのではなく、楽しみは母からくるものなのだということに気づいていなさい」とおっしゃったものだった。このようにして母のことを常に意識することで、人はしだいに感覚に対する嗜好を失っていくのだ。

師は、何かがまちがっているとは決しておっしゃらなかった。反対に、師はいつも「行って楽しんでおいで。責任は私がとる」とおっしゃった。師はこの世の喜びに何も悪いことはないことをご存じだった。それを子どもたちが味わうことでその無益さを悟り、より高次の喜びにしか満足しなくなるのだ。師はただ単に善良な者を助けただけではなく、邪悪な者も助けた。師は両者を許し、愛された。師は子どもたちがいつも幸せであることを望まれた。そして、もし私たちのうちだれかがどんなにかすかであっても顔に影を宿していた場合は、師はそれに耐えることができず、師は私たちをおしかりになった。

師は人を一目見るだけで何に向いているのかを見抜かれた。もし偽って宗教的生活を送っている場合は、師は「帰って結婚せよ」とおっしゃった。もし放棄の準備ができていると見てとった場合には、放棄せよと直接頼むことはされなかったが、その人が自発的に放棄するように彼の心を導かれた。師はいつも、人の足の指の一部を見るだけでその人がどのようなタイプの人かがわかる、とおっしゃっていた。

あるとき、非常に貧しい少年がほとんど毎日、シュリー・ラーマクリシュナのもとにやってきた。けれども師は少年が持ってきた食べ物を決して食べようとはされなかった。私たちはなぜだかわからなかった。とうとうある日、シュリー・ラーマクリシュナは「この貧しいやつは、金持ちになりたいという強い願いを持ってここにきている。いいだろう。どれ、少し彼が持ってきたものを味わおう」とおっしゃった。そして、食べ物を少しだけお食べになった。少年の境遇は劇的に変わり、今日、彼はカルカッタでもっとも裕福な人間の一人に数えられている。

師はだれにも放棄せよとはおっしゃらなかった。けれども、人が自発的に放棄するように仕向けた。私はスーフィーの詩の美しさについていろいろ聞いていた。それで私は原文を読むことができるようにペルシャ語を学ぼうと決意し、とても熱心に勉強をはじめた。私がドッキネッショルにいるとき、私はしばしば師に仕えるかわりに本を持って隅の方に行った。ある日、師が私を呼ばれたが、私は聞こえなかった。師はもう一度呼ばなければならなかった。師のもとに行くと、師は「おまえは何をしているのだね？」とおたずねになった。私は師に説明した。師は「おまえがペルシャ語を学ぶために義務を怠ったなら、おまえは信仰を失ってしまうよ」とおっしゃった。言葉は多くはなかったが、それで十分だった。そのときまでに私は一五から二〇ルピーを本に費やしていたが、すべての本をガンガーに投げ捨てた。そしてそれから一四年間、私は本を読まなかった。ただマドラスにきたときは、人びとが熱心に学びたいと思っていたので、私はふたたび本を読んで研究するようになった。

師に会うためによくドッキネッショルにきていた少年がいた。ある日、師は彼を寺院に招き入れ、彼の心臓を触り、彼に聖母のみ姿をお見せになった。後に師は、その少年は今生では神を悟ることができないだろうとおっしゃった。けれども師はおそらく次の生で得られるだろうみ姿をお示しになり、その少年がそのために努力するよう、励まそうとされたのである。私はあるとき、師がある信者のカルマをお引き受けになり、六カ月間深刻な体調不良で苦しまれたことを覚えている。

シュリー・ラーマクリシュナが教えられたように、宗教は決してあいまいだったり憂うつだったりするものではない。それは人のもとに降りてきて、その人を引きあげるものなのである。それは、空高く舞い上がり、カメに「ここにおいで」と呼びかけるタカとは異なる。そんなに高く舞い上がることがカメにできるだろうか？　いや、カメは「もしあなたがここにきて私を持ちあげてくれれば、私はそこに行けます」と言うことしかできない。それでシュリー・ラーマクリシュナは教える際には下に降りてきて、人を徐々に上に持ちあげるのだった。それによって人は新たな希望を持つことができ、勇気がわいてくるものなのだ。

師は次のようにおっしゃった。「神はいつなんどきでもやってこられる。けれども、恐れる必要はない。王が家来のところを訪ねるとき、王は、家来がもてなすための柔らかいクッションその他の品を持っていないことは知っている。だから王は訪ねる日の前に別の家来をやり、すべてきれいに掃除し、もてなすための準備を整えるだろう。同じように、神は人のハートに降臨される前に神の降臨に備えてしもべを派遣されるのだよ。そしてこれらのしもべたちとはだれのことか？　純粋さ、貞節さ、謙虚さ、愛すべき親切さだ。また、東の朝焼けが日の出が近いことを教えてくれるように、人を一目みるだけで、神がまもなく降臨されるかどうかがわかるのだよ」

バーヴァナートは師が「生まれながらに完成している」と呼んだ人だった。師はバーヴァナートとナレンドラはとても似ているところがあるともおっしゃった。けれどもバーヴァナートは結婚した。ある日、師は私に、バーヴァナートから多くのことを学ぶことができるだろうから、彼のところに行きなさい、とおっしゃった。私は師がなぜ家住者である彼のもとに、学ぶべきことがあるからといって私を遣わされたのかわからなかった。けれども、バーヴァナートに会ったとき、理解できた。私たちが座って神のことを話していたとき、バーヴァナートは瞑想状態になり、至福と信仰の涙がほほを流れ落ちた。彼は完全に神に没頭したことが見てとれた。

プールナーはもう一人のシュリー・ラーマクリシュナの愛弟子だった。彼はたった九歳のときに師のもとに連れてこられた。「私はだれかね？」と師は少年にたずねられた。プールナーは躊躇なく「あなたは神の化身でございます」と即答した。それから師は少年に毎日神のために時間を使っているかたずねられた。少年は、よく瞑想しており、瞑想しているとき、歓喜の涙が目の外側から流れだすのだと答えた。師はいつも、プールナーはバクティの最高の状態を達成しているとおっしゃった。師はプールナーを深く愛され、ときどき少年にお菓子をあげるために学校の門の前で立って待たれた。そしてカルカッタのどの信者の家に行くときも、プールナーに会えるよう、連れてきてくれ、と頼まれるのだった。

しかしながらプールナーは金持ちの家の息子で、両親は彼が取りあげられ、出家してしまうのではないかと恐れていた。それで両親はプールナーを自由に外出させなかった。

ある日、カルカッタに一日中いらっしゃった師は、プールナーを連れてこさせるために弟子の一人をつかいにやった。門番は、少年は寝ており、邪魔をしてはいけないと言った。それでその弟子はプールナーを連れて帰らずにもどった。師は私をつかわされた。私はなんとか頼まれたことをやり遂げた。私はプールナーの家の門番の前をすばやく通りすぎ、二階のホールに行った。そこでプールナーは他の兄弟たちといっしょに寝ていた。私はかがみ込んでやさしくつねった。少年は起き、私は彼になぜきたかを伝えた。そして私たちはいっしょに静かに降り、門番には適当な話をして師のもとに走っていった。

スレシュ（スレンドラナート・ミトラ）は無神論者で、バララームや他の友人たちの、ドッキネッショルのパラマハンサに対する信仰をあざ笑っていた。ある日、スレシュはバララームを連れて寺院にやってきた。神の信仰について議論をして、打ち負かしてやろうと決心したのだった。しかし、後で私に語ったところによると、この単純なサードゥの前に座ったとき、彼の心は完全に真っ白になってしまった。話そうと思っていたけっこうな議論のことを、何一つ思い出せなかった。師は皆に対するのと同じように親切に彼に話しかけた。それから平然と彼の生涯に関するある事実を物語った。スレシュはすぐに師の聖なる力に気づき、足もとにひれ伏し、永遠に信者になった。そして師とともに暮らすようになった弟子たちの生活費を援助し、師に会いにドッキネッショルにくる信者たちに食事を提供したのだった。

あるとき、師が（シャーンプクルで）弟子たちに話をしていたとき、師は突然完全に意識を失い、一〇分か一五分ほど、その状態のままでおられた。外界の意識を取りもどすと、師は「私はスレシュといっしょにいた」とおっしゃった。スレシュ自身が後に語ったことによると、スレシュは彼の家に新しく設置された聖なる母の像の前で、師がそれを見にこられないために泣いていた。というのは、ドゥルガー・プージャー（聖なる母の礼拝）に師がいらっしゃらないのはそれが初めてだったからである。突然、スレシュは師が目の前にいらっしゃり、彼をお慰めになったのを見た（師はしばらくの間スレシュといっしょにいて、スレシュの心を完全に平安に満たした後に姿を消された）。

シュリー・ラーマクリシュナはプラーナーヤーマ（呼吸のコントロール）を十分に実践された結果、長い間無呼吸状態におられることを習慣にされていた。ときどき師は呼吸を完全に停止された。私たちが師のもとにきた後でさえ、師は私たちに、「私が呼吸をしていない時はいつでも私に教えておくれ」とおっしゃった。師が眠っている時、ときどき私たちは呼吸が停止しているのを発見した。そこで私たちは師を起こし、「師よ、呼吸をされていません」と言った。師は「おお、ありがとう」とおっしゃり、ふたたび呼吸をし始めた。

（一二年のサーダナの間）師はいつ太陽が昇り、太陽が沈んだか、お気づきにならなかった。また、食事をとったのか、とらなかったのかも、ご存じなかった。ときどき意識があるときに、師はまるでだれかが師の内側に住んでいるようにお感じになった。そこで師はいつも「あなたはだれですか、ここにいるあなたはだれですか？」とおたずねになったものだった。そこまで完璧に母が師に乗り移っておられたのだった！

師のお体はこうした顕現によるショックに耐えられるよう、特別に作られていた。それは普通の体ではなかった。師はいつも「もしも普通の人が私が感じる一〇〇万分の一の感動を味わったならば、体がばらばらになってしまうだろう。ちょうど気の狂った雄牛が庭に放たれたならば、そこにあるものすべてをひき裂いて根こそぎにしてしまうように」とおっしゃったものだった。師はご自身の宗教的信仰を、狂ったゾウにたとえられた。

師の心はいつも神に向かっていたので、食事をしている時でさえ師はそのことを意識されず、他の人が師に十分に食べたかどうかを話さなければならなかった。「私はもう十分に食べたかね?」と師はいつもおたずねになった。もしその人が十分に食べたと言ったら、師はすぐに食べるのをやめられた。

あるとき、身内の者たちがいない時に、師はたまたまそこにいた人に「私はもう十分に食べたかね?」とおたずねになり、その人は「はい」と答えた。師は、「いいだろう。私はもう食べない」とおっしゃった。ちょうどそのときフリダイが入ってきて、師がいつも食べる量の半分しか召し上がっていないことを見てとって、もっと食べるようにと言い張った。それで師はご自身がまだ空腹を感じていることに気がつかれたが、「いいや、私はもう食べないと言った。自分の言葉を違えるわけにはいかない」とおっしゃった。

師はとても氷がお好きだった。とても暑いある日に、私はカルカッタからドッキネッショルまで約一〇キロ弱の道を師のために紙にくるまれた氷を運んだ。ちょうどお昼どきで、日差しはとても強烈で、体に火ぶくれができた。師は私を見て、まるでご自身が苦痛にあえぐように「おお!　おお!」とおっしゃり始めた。私は師にどうしたのかをたずねると、師は私の体を見たとき、師ご自身のお体が焼け始めたように感じたのだとおっしゃった。不思議なことに、氷は全然溶けていなかった。

コシポル・ガーデンハウスでの日々

シュリー・ラーマクリシュナはどの弟子にも正式なサンニャース（出家の誓い）をお授けにならなかった。形式主義と打算は師の性質とは無縁だった。師は聖なる母のご意思に基づく衝動に動かされた。師の行動はいつも自発的で無計画だった。師は最初のイニシエイションをご自身の少年たちに授けられた。それによって彼らの霊的生活の基礎を築かれたのである。しかし師は次のイニシエイションは、師の亡き後にグループの指導者となるナレンが授けるように委ねられた。

しかしながら、信者の中に布を扱う商人がいた。ある日、シュリー・ラーマクリシュナは彼に布一反を黄土色に染めて持ってくるように頼んだ。布が持ってこられたとき、師は少年たちに布を身にまとい、托鉢用の鉢を持って外に行き、師のために食べ物を乞うようにとおっしゃった。これが師が少年たちをサンニャーシンにするためのシンプルな方法だった。師はなんの儀式も要しなかった。放棄の精神が少年たちを黄土色の衣に結び付け、常に聖なる自己否定に結び付けたのだった。聖別には師の言葉の炎と、師のひと触れの浄化力で十分であった。

（師の最後の日々の間、師がコシポル・ガーデンハウスの二階でお休みになっておられる時、師のプライバシーは、一人の弟子が門番としての役割を果たすことによって厳重に守られていた。ある日、若い、ならずもののマンマタが師に会いにきた。しかし彼は二階に行くことを許されなかった）師はマンマタがきていると聞き、ただちに彼を二階にあげるようにおっしゃった。私はそのとき師の部屋にいた。しかし師は私に部屋の外に出るようにおっしゃった。マンマタと師は二人だけで長い間部屋にいた。それから師は私にもどってくるようにおっしゃり、師の写真を一枚持ってくるようにとおっしゃった。それを師はお取りになり、ご自身の手でマンマタにお与えになった。若者はそれを受けとり、だれにも一言もしゃべらずに、狂ったように家の外に走り去った。そのとき以来彼はこの世に対するあらゆる関心をなくし、昼も夜も座って「プリヤ・ナート、プリヤ・ナート」（愛する主よ、愛する主よ）とくり返し唱えた。集落の他のすべての者が眠っている間も、夜の静けさの中でその言葉が響き渡るのを聞くことができた。

マンマタは二度と師のもとを訪れなかった。真珠貝のように彼はスワティ雨［1］のしずくを受けとり、それ以上何もいらなかったのだ。けれども師がお亡くなりになった後、彼はよくボラノゴルの私たちのマト（僧院）にやってきた。数カ月の間、彼は毎日夕方にやってきた。彼はまっすぐに神殿に行き、そこでしばらく瞑想し、私たちが住んでいるところに顔を見せることすらせずに立ち去った。ときどき彼はうたった。彼はとても美しい声の持ち主だった。シュリー・ラーマクリシュナが大好きだったある歌を、マンマタは幾度となくうたった。このようにして私たちの師はある人生を変容されたのだった。

シュリー・ラーマクリシュナにはエゴのかけらもまったくなかった。師は一人称である「私」という言葉を使うことがおできにならなかった。そのかわりに師は、「おまえはどうしてここに（師のもとに、という意味）こないのかね？」「母がおまえを啓発されるだろう」とおっしゃったものだった。

神性が師の中に完全に顕現していた。師は神について説教され、ただ神のことについてだけお話になった。師の性質は神のようであった。私たちは師を見るまでは、純潔がどのようなものであるかを決して知り得なかったし、完成がどのようなものであるかを決して知り得なかった。また、神がどのようなものであるかも決して知り得なかった。

師はすべてをご存じであった。だれが師のもとに不機嫌で悲しみに満ちた心で訪れることができようか？　師はたちどころにそのことを自分の心でお感じになり、平安を与えてくださるのだった。師のなさることすべては他人のためであった。師はこの世に降臨されるよう強いられたわけではなく、人類を救うためにこられたのである。師の体のあらゆる活動、心のあらゆる活動は、同胞たちの向上に向けられていたのだった。

師はあらゆる人に対して、その人に必要なものを与えることがお出来になった。ときどき遠い場所から神を心から切望している人がやってきた。しかし部屋に大勢の人がいるため後ずさりし、部屋の薄暗い片隅に隠れるのだった。無言でシュリー・ラーマクリシュナは彼のもとに歩み寄り、彼に触れたものだった。そうするとたちどころに彼は悟りを得るのだ。

ひと触れでシュリー・ラーマクリシュナはその人のカルマの九九パーセントを文字通り飲み干されるのだった。師が最後に長い病気を患ったのは、他人のカルマを引き受けるためだった。師は私たちにいつもこうおっしゃっていた。「私がカルマを引き受けた人びとは、自分自身の強さで救済を実現したと思っている。私が彼らのカルマを引き受けたことを理解していない」と。師にどのくらい借りがあるのか私たちにはわからない、しかし、いつか私たちのために師がなされたことを理解し、感謝をささげなければならない。

シュリー・ラーマクリシュナがコシポルのガーデンハウスに到着したときは冬だった。かなり寒い日が多かった。一度私が師の身の回りのお世話をしている時、深夜に薄い着物を羽織って外で急いで歩いていたことがあった。私が師の部屋にもどったとき、病気であるにもかかわらずベッドから起き上がり、なんとか部屋を横断して洋服掛けに掛かっている衣服に手を伸ばしているのを見た。「何をなさるのですか?」私はしかるような調子で師におたずねした。「今日はとても寒いのです。起き上がってはいけません」師はご自分のガウン（ショール）を持って、心配と愛情にあふれた弱々しい声でおっしゃった。「おまえが寒いと、いやなのだよ。これをお使い」

師の衣服を預かるのに私がふさわしいとは思われなかったので、後に私は、これをスワーミー・ブラフマーマンダに渡した。

師のご逝去

（コシポルでの師の最後の日に）師はいつもよりたくさん夕食を召し上がったので、みな、師の容態がよいのだろうと思っていた。午後、師はヨーギン（スワーミー・ヨーガーナンダ）に、暦を見て今日が縁起のよい日かどうか確かめるよう頼まれた。師はまた、海に浮かんでいる船が浸水し、すでに三分の二までが水没した、すぐに水がいっぱいになって、海に沈没するだろうとおっしゃった。けれども私たちは、師が本当に逝こうとされているとは思わなかった。師が痛みを気にされたことはないように見えた。師が陽気さを失ったことはなかった。いつも、すべてが順調で幸せだ、ただ（喉を指さされ）ここには小さな何かがある、私の中に二人いる、とおっしゃった、「一人は聖なる母、もう一人はその信者である。病気になったのは信者の方だ」

シュリー・ラーマクリシュナが肉体を放棄されたとき、それが師の人生で一番幸せな瞬間であったのだと私は思う。師は歓喜で身震いされた。私はそれを見た。最後の日のすべてのでき事を覚えている。師は非常に容態がよく、上機嫌に見えた。午後にヨーガについて質問した男性に対し二時間ほど話をした。少し後、私は医者を連れてくるために約一一キロメートル走った。医者の家に着いたとき、彼はそこにはいなかったがある場所にいると言われたので、さらに走って行くと、途中で出会った。医者は約束があり来ることはできないと言ったが、私はおかまいなく彼を引っ張って連れてきた。

最後の夜ラーマクリシュナは、これが最後となる会話を私たちとしていた。夕食には師はパヤサ（プディング）をグラス半分召し上がり、その味覚を楽しんでおられたようだった。まちがいなく少し熱があったので、師は私たちにあおぐように頼まれた。それで一〇人ばかりが一度に師をあおいだ。師は五つか六つの枕に寄りかかってベッドの上に座っておられた。枕は私が体で支えていたのだが、同時にあおいでいたため私の体は少し揺れ、師は二度「なぜおまえは揺れているのかね？」とたずねられた。あたかも師の心が一つに定まり不動になったため、どんな小さな動きも感じ取ることがお出来になったかのようだった。ナレーンドラは師の御足を手にとり、さすり始めた。シュリー・ラーマクリシュナは彼と話し、ナレーンドラがしなければならないことを伝えていた。師はわれわれの責任をナレンに託すかのように、「これらの男の子たちの面倒をみておくれ」と何度もくり返した。それから彼は横になりたいと頼まれた。

突然（早朝）一時に、師はベッドの片側にお体を寄せた。喉から低い音が発せられ、師の体の毛が総立ちになっているのを私は見た。ナレーンドラはすぐに掛け布団の上に師の御足を乗せるとその光景に耐え切れないかのように階下に走っていった。信仰のあつい信者の医者が脈をとり、脈が止まっているのをみて、声をあげて泣き始めた。「どうしたのですか？」私は、師が本当に私たちのもとから去ったかのように振るまう医者に対していらだった。

みな、それがただのサマーディだと信じていた。それでナレンが帰ってくると私たちは二〇人ばかりで座り、いっしょに「ハリ・オーム！、ハリ・オーム！」とくり返し唱えた。このようにして私たちは次の日の一時から二時の間まで待った。体は熱を持ち、特に背中のまわりが暖かかったが、医者は息を引き取ったと断言した。五時になり体が冷たくなったので、私たちは師のお体を寝台に安置し、花輪で覆い、それを火葬場に運んだ。

（師が亡くなった後、若い弟子たちがともに集まり住んでいたボラノゴル修道院では）私たちはまだ使命のことを考えたことはなかった。しなければならないことは、ただ師が私たちの前に示した理想を実現することだけであると信じていた。それは謙虚に生き、奉仕することである。師は私たちに、特別な使命または特別な仕事のことについて話されたことはなかった。もし何か特別な仕事があると信じていたならば、おそらく私たちの人生は非常に異なったものになっていただろう。私たちは、そんなにも厳しい、数々の修行に励もうとはしていなかっただろう。

［1］スワティ星が昇ったときに降る雨。アコヤガイはこの雨のしずくを待ち受け、それから真珠を作ると信じられていた。

Ⅲ

ブリンダーバンにおけるシュリー・ラーマクリシュナ

（スワーミー・ラーマクリシュナーナンダからスワーミー・プレーマーナンダに宛てた二通の手紙）

アラムバザール・マト
一八九五年一二月二六日

親愛なるバーブラームへ
昨日、シュリー・ラーマクリシュナのおいのフリダイ・ムケルジーがアラムバザール僧院を訪ねてきました。私はブリンダーバンへの師の訪問についてフリダイから聞いたことを正確に報告します。師は最初マトゥラーに上陸し、ドゥルヴァ・ガートとクリシュナゆかりの重要な場所を訪れました。次に師はブリンダーバンに行き、ゴーヴィンダ寺院のそばにある家に滞在されました。モトゥル、フリダイほか数人が師といっしょにいました。ブリンダーバンで師はいつも法悦状態にあったため、一歩も歩くことがお出来になりませんでした。そこで、師が神聖な寺院に詣でることができるよう、輿《こし》が用意されました。師が神々を拝むことができるように、輿の扉は開けたままにされました。ときには法悦のあまり、師は輿から飛び降りようとされましたが、輿の棒をかかえながら輿といっしょに歩いていたフリダイがそれを押しとどめました。このようにして師はシャームクンダやラーダークンダ、それに近くにある寺院をフリダイとともに参拝なさいました。モトゥルはそのときはいっしょではありませんでした。

道の向こうに白いクジャクたちがいるのを師が見つけ、フリダイにそのことをおっしゃいました。師はたいへん興奮され、輿から飛び降りようとされました。その後、師はシカの群れを見て、それにも師は圧倒されました。モトゥルは喜捨のために、フリダイに一五〇ルピーを小銭で与えていました。師は聖者やヴァイシュナヴァ派の人に出会うときはいつでも、フリダイにいくばくか小銭を与えるように頼んでおられました。

師はそれからゴヴァルダンの丘を見に行き、頂上に登られました。下るときには司祭たちが手助けしてくれました。

ガンガーマーター（ニドゥヴァンの近くに住んでいたブリンダーバンの女聖者）は、一目で師の神性を見抜き、ガンガーマーターの招待で師は六、七日間彼女といっしょに暮らしました。師は女聖者にとても引きつけられ、離れたくありませんでした。モトゥル・バーブはこれを聞いて、フリダイに何がなんでも師をガンガーマーターから引き離すように求めました。「師をここに残して、うつろな気持ちで家に帰ることなど、どうしてできようか?」とモトゥルは言いました。そこで、フリダイは抵抗してわめくガンガーマーターの意に反して師をニドゥヴァンから連れ去りました。

こうして師はブリンダーバンへの巡礼を終え、モトゥルとマトゥラーに戻り、その後カルカッタに向け出発されました。ブリンダーバンにいる間、師はヴァイシュナヴァ派の服を着ておられました。次の手紙では、さらに詳細を書き送ります。

シャシー（ラーマクリシュナーナンダ）

＊　＊　＊

パウシャ月一四日
（一二月、年は不明）

親愛なるバーブラームへ

師はラーダークンダのチャトラという名前の司祭からヴァイシュナヴァ派の服を受けとられました。ブリンダーバンにいる間、師はいつも竹の棒を持っておられました。ときどきフリダイが師からそれを取りあげると、師は落ちつきをなくされました。師は竹の棒を取りもどすまでは悲しんでおられました。ブリンダーバンではお歩きになることができませんでした。師は輿の中に座ったままで、ヤムナー川で沐浴をされました。

シャシー（ラーマクリシュナーナンダ）

［出典：Part I from : Udbodhan(Calcutta: Udbodhan Office), vol.8, no. 2, 1905; Part II from: Sri Ramakrishna and His

Disciples and Days In An Indian Monastery, by Sister Devamata(La Crescenta:Ananda Ashrama), 1928 & 1927; Part III from: Udbodhan, vol.44, no.12, 1942〕

マノモハン・ミトラ

第六章　マノモハン・ミトラ

マノモハン・ミトラ（一八五一～一九〇三）はシュリー・ラーマクリシュナの在家の弟子で、家族全員が師に帰依していた。マノモハンの妹を娶《めと》っていたラカール（後のスワーミー・ブラフマーナンダ）は、一八八〇年に彼によってシュリー・ラーマクリシュナに紹介されている。伝道的な気質の人だった。『タットワマンジャーリ』に師に関する多くの論文を記し、広くその教えを説いた。

以前からシュリー・ラーマクリシュナに関しては聞いており、インディアン・ミラー紙や『スラバ・サマチャル』でも読み知っていた。友人と彼について語り、お会いしたいと願っていたが、ようやく一八七九年の秋になってその願いは成就された。四日間雨が降り続いていたときのことだった。土曜日の夜、私は全世界が洪水で水浸しになった夢を見た。オクタローニー・モニュメントをふくむカルカッタの高い建物がすべて激流に押し流されていた。辺り一面水浸しで人の姿はなかった。私はなすすべもなく激流に漂っていた。すると突然ある思いが心にわいてきた。「お母さんはどこだろう？　妻や娘や姉妹たちはどこにいるのだろう？」するとすぐに声が聞こえた。「おまえの身内はだれ一人この世には残っていない。みんな死んでしまったのだ」

「それでは私が生きていても、何になるのでしょう？」

「自殺は大罪だ」

「それではどこに行けばいいのです？　人家は一軒も見当たりません」

「この世にはもうだれひとり生きていない。みんな死んでしまったのだ」

「だれもいないのなら、何を頼りにすればいいのですか？」

「神を実現していた者だけがこの大洪水を生き抜いたのだ。おまえはまもなく彼らに出会い、いっしょに暮らすだろう」

「どこにも水しか見えません。何を食べたらいいのでしょう？」

「ハートの下を探してみよ。食べ物があるだろう」

そこで胸の下に手を置くと、そこに木の板があって、流れに浮かぶのを助けてくれた。私はこの神のお遊びを目撃して驚いた。知らない間に、私を救うための板を送ってくださっていたのだ。さもなければ、泳ぎが苦手な私があんなに長い間浮いていることは無理だったことだろう。

朝四時に目覚めた私は、困惑したまましばらく横たわっていた。それから妻を見て叫んだ。「私はどこにいるのだ。おまえはだれだ」これを聞いた妻はものも言えずにいた。正常な意識を取り戻した私は、夢を見ていたことに気づいた。

昼近くになって、いとこのラーム・チャンドラ・ダッタに夢のことを話した。ラームは言った。「君が見たことは真実だ。実のところ、すべての人びとがマーヤーに覆い隠されているのだ。彼らは生きながらにして死んでいるのだ」そこで私はラームに言った。「長い間ドッキネッショルのシュリー・ラーマクリシュナにお会いしたいと思ってきたが、残念ながら時間を作らずにきてしまった」ラームがすぐさま言った。「今日行こうじゃないか。（一八七九年一一月一三日の日曜日のことである）吉祥の日だし、それに休日じゃないか」

われわれはただちに準備にかかった。ゴーパール・チャンドラ・ミトラ、ラームと私はまずわれわれの親しい友人で「新摂理」の会員プランクリシュナ・ダッタのところへ行った。シュリー・ラーマクリシュナに関する話は、彼からしょっちゅう聞かされていたのである。しかしどういうわけか、彼はわれわれに加われなかった。そこでわれわれ三人が舟でドッキネッショルに向かうことになった。チャンドニー・ガート（寺院の入り口につながる沐浴場）に上陸してシュリー・ラーマクリシュナのことをたずねると、ある人が境内の北の外れにある部屋を指差してくれた。おかげでわれわれはお部屋にたどり着いたが、入り口は閉ざされていた。われわれはあえて扉をたたけずにいたが、うながしてくれる人がいたので従った。すると普通の身なりの男の人が扉を開けて、われわれにお辞儀をすると寝台に腰掛けるよう招いてくれた。背の高い男が床の上に寝ているのが見えた。後にそれがシュリー・ラーマクリシュナのおいフリドエだったことを知った。われわれはシュリー・ラーマクリシュナのおだやかなお顔を見て深い感銘を受けた。

その朝家を出るときの私は、シュリー・ラーマクリシュナ・パラマハンサが髪をそり、黄土色の衣をまとって、トラの皮の上に座す僧侶のようなお方だろうと予想していた。しかしお会いすると、なんのてらいもない、非常に素朴なお方であることが見て取れた。ドーティ（布）をまとい、その半分で上半身を覆っておられた。

シュリー・ラーマクリシュナはフリドエにほほ笑んでおっしゃった。「フリドゥ、この人たちは物静かな性質だ。ブラーフモ・サマージには属さない」フリドエが同意した。そこで私はシュリー・ラーマクリシュナに申しあげた。「私は少年時代からブラーフモ・サマージに関わってまいりました。ブラーフモの宗教こそ真の宗教だと信じております。偶像崇拝は嫌いでございます」するとシュリー・ラーマクリシュナがおっしゃった。「おまえはどのグループにも属さないという意味だよ」私は多少まごついた。師はお続けになった。「作り物のカスタード・アップルが本物の果物を思い起こさせるように、神の像は神の存在を心に燃え立たせるのだ。神は全能だ。万物のなかに姿を現すことができになるのだ」

それから突然ラームにおっしゃった。「おまえは医者だね？（フリドエを指差されて）この男は熱があるのだよ。脈を診てやってくれないかね？」ラームはシュリー・ラーマクリシュナに医師として自己紹介していなかった。われわれは皆驚いた。フリドエを診察したラームは、フリドエは平熱だと申しあげた。

その日われわれはシュリー・ラーマクリシュナと夜まですごした。師の前にいると、かつて味わったことのないすばらしい平安と至福が体験された。この悲しみに満ちた世にあって、聖なるお方との交わりがどれほどの平安をもたらすものか、以前のわれわれは知らなかったのだ。お別れの際、「またおいで」と、シュリー・ラーマクリシュナがおっしゃった。「次の日曜日にまたまいります」とわれわれはお約束した。

次の日曜日の早朝、われわれはドッキネッショルに向けて出発した。この日の訪問で、私はシュリー・ラーマクリシュナに申しあげた。「神にはお姿がないという人も、お姿があるという人もいます。また神をクリシュナ、シヴァ、カーリーと呼ぶ者もいます。神の本当の性質をお話しくださいますか?」

シュリー・ラーマクリシュナはほほ笑んでおっしゃった。「神はお姿を取られることも、また取られないこともあるのだよ。そしてその両方を越えておいでだ。遍満されるお方なのだ。その真の性質を確かめるのは難しい。金の他に金に例えられるものがないように、神に等しいものはないのだ。神は精妙な心や知性だけではなく、粗大な物質の原因でもあられる。例えば、同じ物質が固体では氷になり、液体では水になり、そしてまた気体では水蒸気になるようなものだ。求道者の心の態度によって、神は御自分を現される。ギャーニは遍満する無形の空間として神を体験するが、信者(バクタ）は特定のお姿をとった神を認める。それだから、真剣に神の本性を知りたいと思うなら、ひとりで神を瞑想するのだよ。忍耐強くありなさい。神に明け渡して祈りなさい。機が熟せば、神を見るだろう」

ふたたび私は申しあげた。「ハートに神の臨在が感じられる時は平安を得ますが、神に対する単なる知的な理解は無神論と変わりありません」するとシュリー・ラーマクリシュナが答えられた。「まずは最初の信仰（聖典とグルの言葉への信仰のこと）にしがみついて霊性の道を進むべきなのだ。それから直接の知覚に至るのだ。信仰には、最初の信仰と本物の信仰（直接体験からくる信仰のこと）の二つがある。最初の信仰を確固たるものとするなら、やがて神を見るだろう」

われわれは日曜日ごとにシュリー・ラーマクリシュナをお訪ねするようになった。ある日師がおっしゃった。「この世は『幻影の枠組み』だ」私は笑ったが、師のこの言葉は私のハートに染み込んで、この世が実にはかないという真実を理解した。師はお続けになった。「この世はまた『歓楽の館』でもあるが、人はここにいて喜びに至る方法を知らなくてはならない。神の内に住まうよう努めよ。そうすれば、苦痛を味わうことはないだろう。神の内に住まうとは、身も心も神にささげるという意味だ。絶えず神を思い起こすのだ。この世の生活は恐れに満ちている。それに心が汚されるような道が多いのだ。それでも心をなんとか神のうちに維持するならば、あらゆる障害は去ってゆくだろう。神の御名には計り知れない力があるのだ。神の御名と栄光をうたいなさい」

そこで私がおたずねした。「神はわれわれの祈りを聞いてくださるのですか?」師はすぐさま興奮した御ようすでおっしゃった。「何を言っているのだね。神が祈りに耳を貸してくださらないだって? 神は全能全知であられるのだよ。どうして祈りが届かないなどとわかるのかね? おまえは信仰がないから、神を疑っているのだよ」私はへりくだって自らの無知を認めた。

私はそこでおたずねした。「師よ。神への憧れを強めるにはどうしたらよいのでございましょう」師はほほ笑んでおっしゃった。「飢えと渇きは自然に起こるものだ。神への憧れもしかりだ。すべては時間しだいだ。単に思うだけでは、腹はすいてこない。同じように神への憧れも『憧れが生じますように』と言うだけでやってはこないのだよ。神の必要を感じると、心のうちに自動的に憧れが目覚めてくる。世間の物事への渇望が満たされ、情欲と金への執着をすべて放棄し、世俗的な快適さや楽しみを汚物のように嫌うようにならない限り、神への憧れはやってこないのだ。神の実現を求めて落ちつかない人びとがどれだけいるだろうか? 妻や子どもや金のためなら水差しいっぱいほどの涙も流そうが、だれが神を求めて泣くだろうか? 神に焦がれる者はきっと神を見つける。神を求めて泣きなさい。思い焦がれるハートで毎夜神に祈りなさい。そうすれば、神を見るだろう」

私が師の足もとにひれ伏すと、師はサマーディに入られた。すると言い表しがたい内なる喜びとともに師の恩寵が感じられた。師は通常の意識に降りてくるとうたわれた。

おお、兄弟よ、喜びの内に努力を続けなさい
徐々に成功にいたるだろう。
かつての過ちも正されるだろう。
アンカは救われ、バンカも救われ、
肉屋のスジャンも救われた。
オウムに教えることで、娼婦は救われた。
そうしてミーラー・バーイーも救われた。
この世の富と宝を手にして、
それでもなお商人は牛車を駆るが、
不運に襲われたときには、
富も宝も跡形もなく消えさる。
心に深い信仰を持て、
偽善と狡猾さを捨てよ。
奉仕と礼拝と、主にすべてをお任せする心があれば容易に
主ラーマチャンドラに至ることができる。

夕方になり、われわれは帰宅のことを考え始めた。私はへりくだって申しあげた。「師よ。私は神を知らぬ者ですが、あなたのもとに避難致しました。どうぞ私の責任を負ってくださいますよう」シュリー・ラーマクリシュナはしばらく黙っておられた。それからふたたび法悦状態に入るとおっしゃった。「聞きなさい。神の実現や知識に至るためにここにくる者の願いはかなえられるだろう。もう一度言おう。必ずやその願いは成就するだろう」

われわれがドッキネッショルにシュリー・ラーマクリシュナをお訪ねするようになった数カ月後、われわれの友人で隣人のスレーンドラ・ナート・ミトラとその兄弟のギリンドラ・ナート・ミトラもわれわれに加わった。われわれは仲間ができたことを喜んだ。一八八一年、スレンドラが初めてのシュリー・ラーマクリシュナの生誕祭を自費で準備した。その吉祥の日、われわれはドッキネッショルのパンチャヴァティにお祝いに集まった。

ラームチャンドラ・ダッタがキルタンをうたった。

聖なるガンガーの岸辺でハリの御名をうたっているのはだれか？
やってきたのは神々しい愛を与えるニターイか？
哀れみ深いニターイに違いない
他のだれがハートに平安をもたらしてくれようか？

この歌を聞いて、シュリー・ラーマクリシュナもキルタンに加わられた。愛の法悦境にあられた。力強くリズミカルに踊り始められた。涙がほほを流れ、ときおり外界の意識を失われた。師を囲んでわれわれも回りのことを忘れてうたい、踊りだした。主の御名の栄光はあたりに響きわたり、われわれのインスピレーションは一〇〇〇倍にも高まった。両手を挙げて踊りだす者、手拍子を鳴らす者、また跳び上がる者もいた。感動に満たされて、地に転びふす者もいた。感極まって心底大笑いし、抱きあう者もいた。大声で泣きだしたかと思うと、また笑いだす者もいた。あのような光景はかつて目にしたことはなかった。だれもが神聖な至福の流れにすっかり圧倒されてしまった。
キルタンは次の歌をもって終わった。

あなたは私のすべてのすべて、おお、主よ！
わたしの生命の生命、真髄の真髄、
三界に身内と呼べるのはただあなただけ。
あなたは私の平安、喜び、そして希望、
あなたは私の支え、私の富、私の栄光、
あなたは私の知恵と力。

あなたは私の家、憩いの場、最愛の友、
もっとも身近なお方。
あなたは私の現在そして未来、私の天にして救い。
あなたは私の聖典、戒律、常に慈悲深きグル、
あなたは私の無尽蔵の至福の泉。
あなたこそは道、そして目的地。
崇拝すべきお方、おお、主よ！
あなたは心優しき母、懲罰を与えられる父、
創造主にて保護者、
人生の海を渡る私の小舟を舵取られるお方。

それから師は深いサマーディに入ると、目を内側に凝視したまま、生気の抜けた木像のように座っておられた。そのお顔は光り輝き至福に満ちていた。われわれはそこに座って、そのすばらしいお顔を見つめた。あの日のシュリー・ラーマクリシュナのお姿は今でもハートに焼きついている。

一八八一年一月、ブラーフモの冬の祝祭期間（マゴツァヴァ）に、私はケシャブ・チャンドラ・センとともにドッキネッショルを訪れた。このおり、ケシャブは二つの花束をシュリー・ラーマク

リシュナの足にささげ、ぬかずいてお辞儀をした。師もまたお辞儀をされた。シュリー・ラーマクリシュナがブラフマン、アートマン、神そして霊性の生活について話し始められると、ケシャブはじっと聞き入っていた。ブラーフモの信奉者のなかには、ケシャブの沈黙を見て不快に感じる者もいた。彼らはくり返しケシャブに発言するように促した。とうとうケシャブは大声で彼らに言った。「シュリー・ラーマクリシュナの御前で講話をするのは、鍛冶屋に針を売るようなものだ（針を作るのは鍛冶屋であることから）。私はここで講義するほど厚かましくはない。私はこの方のお話を聞きにこまできているのだし、君たちも皆そうするように頼む。私を困らせないでくれ」

同じ年の別のおり、私は再度ケシャブとドッキネッショルにうかがった。信者たちはシュリー・ラーマクリシュナに霊性の話をされるよう頼んだが、師はおっしゃった。「ケシャブは雄弁家だ。実に話が上手だ。私は講演者ではないよ。私に何が語れようか？　それでもだれにでも話していることが一つあるのだが、理解してくれる人はほとんどいないのだよ。気に入ってもらえる話かどうかわからないのだよ」くり返し請われたので、シュリー・ラーマクリシュナはおっしゃった。「ブラフマンだけが実在で、まわりに見えるすべてはマーヤー（見せかけ）だ」こうおっしゃると、師はサマーディに入られた。しばらくして通常の状態に戻られるとおっしゃった。「私の話は終わりだ。今からケシャブが話す」するとケシャブが言った。「シュリー・ラーマクリシュナがおっしゃったことはすべて偉大な真理だ。これ以上だれが何を話すことがあろうか？」

その日われわれはケシャブの謙虚さに驚いた。ケシャブは博学を極めた著名人だったのである。当時インドで彼ほど名の知れた人はほとんどいなかった。それでもシュリー・ラーマクリシュナをそれほどまでに愛し、尊敬していたのだった。

ある日私がドッキネッショルを訪れると、師はパンチャヴァティで信者たちと話しておられた。同じころ、ケシャブが自分の信奉者を伴って到着した。シュリー・ラーマクリシュナはケシャブをごらんになって喜ばれた。彼らはしばらく話をした。それからケシャブが師に申しあげた。「師よ、お許しがあれば、あなたのメッセージを世に知らしめたいのです。必ずや人びとのためになりましょうし、世界に平安をもたらすことでしょう」シュリー・ラーマクリシュナは恍惚状態で答えられた。「講義や新聞でこの場所（師のメッセージのこと）のメッセージを広める時期にはきていない。この身体の内にある力と考えは、やがては自動的に知れ渡ることになるだろう。たとえ数百のヒマラヤの山々が束になっても、その力を押さえ込むことはできないだろう」こうおっしゃる師の目は大きく見開かれ、そのお顔はすばらしい輝きを放っていた。だれもが黙っていた。それから師はサマーディに入られた。私はこの機会に、シュリー・ラーマクリシュナのメッセージがやがて全世界に広まることを理解したのだった。

［出典：Bhakta Manomohan (Calcutta: Udbodhan Office), 1944］

ヴァイクンタ・ナート・サンニャル

第七章　ヴァイクンタ・ナート・サンニャル

ヴァイクンタ・ナート・サンニャル（一八五六〜一九三六）は、シュリー・ラーマクリシュナの在家の弟子で、師と出家の弟子たちにたいへん献身的に仕えた。シュリー・ラーマクリシュナの伝記『シュリー・シュリー・ラーマクリシュナ・リーラムリタ』をベンガル語で記している。

わずかながら私に理解できたシュリー・ラーマクリシュナのことを、ここに書きつづろうと思う。執筆の二つの目的は、神を讃えてうたうことによる自己浄化、そして偉大な聖者たちを理想とした生き方の実践である。

シュリー・ラーマクリシュナからたまわった平安と祝福をご理解頂くには、師にお会いする以前の私の心理状態を説明せねばなるまい。ヒンドゥ教徒として生まれた私は、少年時代から信仰への憧れを抱いていた。説法師と出会う機会があるごとに語り合い、議論を重ねたが、決して心の渇望が満たされることはなかった。むしろ求めるほどに混乱し、騙されているかのように感じるのだった。さまざまな宗派の指導者にも会ったが、教えと行動の矛盾に失望してしまった。こうして月日は流れ、私は以前にもまして疑いと幻滅を抱くようになっていた。信仰が空虚な言葉、単なる子ども騙しに思えた。ある種のご都合主義と道徳律の形式的な信奉だけが、残された道であるかのようだった。

この重大な時期に、私は親類のヴェーダーンタの教師に出会った。長い話し合いが終わると、彼は深い愛情を込めて言った。「ねえ、私たちは本物の信仰の教師ではないのだし、信仰生活を送っているとも言えない。信仰を商っているに過ぎないのだ。そして他の商人と同様、宗教の決まり文句を届けては生活を立てているのだ。私もおまえと同じように信仰を求めて探究と奮闘の時期をすごした。カルカッタからクルクシェートラまで多くの場所を探し回っても、聖者や賢者にはお目にかかれなかった。真の師に出会うには、期が熟し、まさにグルが戸口にお姿を現されるまで待つしかないものらしい。これを司る法則があるかどうかはわからないが、私にはあるような気がする。それはちょうど私がおまえのように世俗に溺れそうになっていたとき、カルカッタ近くにあるドッキネッショルのラニ・ラスモニのカーリー寺院に住んでおられる偉大な聖者にお会いしたからなのだ。ラーマクリシュナ・パラマハンサという名前のお方だ。私のわずかな理解力をもってしても、アヴァターと呼ぶにふさわしいほど偉大なお方だと思う。信仰とは何かを知りたいのなら、悟りたいと思うのなら、あの聖者のところに行くとよい。おまえの願いは叶うだろう」

彼の言葉を聞いたものの、またいかさまではないかと思うと、なかなかドッキネッショルに行く気にはなれなかった。しかしたずねてみると、この聖者に関して同様に感じている人たちがいることがわかったので、訪問を決意した。ある日私はシュリー・ラーマクリシュナのお気に入りの弟子（後のスワーミー・プレマーナンダ）に同行して、ドッキネッショルに師をお訪ねした。この時の師との出会いが私の人生をこれほどまでに変えることになろうとは、夢にも思わなかった。

私が目にしたのは、年輩でありながら、そのふるまいはまるで子どものようなすばらしいお方だった。唇は表現力に富んでいて美しく、目は帰依心を湛えていた。そのお顔はあたかも至福の権化であられるかのような輝きを放っていた。私の心にたちまち神聖な思いがあふれ出し、深い印象が刻み込まれたのだった。

「これはどうしたことだろう?」私は思った。「この方は個である自分を失って、至福の大海に戯れるほどに神への思いに浸り切っておられる。肉体におられながらも、心がこのような超人的な力を持とうとは！　この方はこの世にありながら、この世のものではあられないのだ」その独特の表現やたちふるまいを見ている間に、私のうぬぼれはすっかり打ち砕かれ、魂全体が大歓喜を覚えた。あの方が親しい最愛の人に思えて、私の懐疑主義は消し飛んでしまったのだ。炎の揺らめきに魅せられた蛾は、狂ったように飛び込んでいく。私の心もまた同じ運命を辿った。そして即座にその祝福された御足の下に、自尊心でいっぱいの頭を低く下げたのだった。自分でも知らずのうちに、師の御前にぬかづいていたのである。師は真心を込めて、私に近くに座るようにおっしゃった。

座に着いた私は師のすばらしいお姿を見つめながら、師がなぜこんなにも私に親切にしてくださるのだろうか、と不思議に思った。私は疑い深い性格だったのだ。どうして私が師の天来の愛に値しようか？　それとも師に心の秘密を見抜かれていて、私が安息の地を求めて渇き、虚しくさすらっていたことをご存じなのだろうか？　それでこんなにも哀れみ深くしてくださるのだろうか？　私は考えた。「あらゆるでき事には原因があり、光と愛の権化がお姿を現すには、何らかの原因があるに違いない。私のように道を誤った魂を懐疑と絶望の荒野から救いだし、人類に信仰の理想を掲げるために、この方はお生まれになったのだろうか？」こうした思いが心に浮かび、師の言葉を聞くほどに、ますます惹かれていくのだった。日が暮れたのにも気づかないほどだった。師とそのすばらしいたちふるまいに親愛の情を抱きながら家路に着いた。師から「またおいで」と言われた私は、有頂天になっていた。

一目お会いしたときから、師が最愛のお方に思えたことはすでに記した。あたかも親しい身内のように感じられたのである。こうした思いは徐々に深まっていった。機会があるごとに師をお訪ねするようになったが、知れば知るほど常に新鮮に感じられ、私に対する優しさは日々新たな展開を見せるのだった。師は巧みに他人を身内にしてしまうすべを、だれよりもよくご存じだった。親しい知人に対するように心を開いて下った師の愛に感動した私は、自らの心も余すところなく師に注いだのだった。それに気づくまでの私は、師の愛の虜だった。男性的な苦行と女性的な柔和さ、堅固さと優雅さ、重厚さと軽妙さという無類の組み合わせを目の当たりにした人が、師に対してよそよそしい態度でいられないのは当然だ。家庭での愛情や優しさは経験していても、師のような無私の愛は、他にも見たことはない。師の愛に比べると、他の愛はすっかり色あせて見えた。それはだれも見たことも聞いたこともない愛だった。愛された者だけにしかわからない、言い表しようのない愛だった。われわれがうかがったときの師のお喜びはたいへんなものだった。そっとお触れになり、お話を語られ、食べ物をくださり、冗談を言われる仕草が、その喜びを語っていた。聖書で読んでいた「神は愛であり、愛は神である」という言葉は、シュリー・ラーマクリシュナの愛に照らして初めて説明がついたのだった。師を訪れた人びとは、だれもがその魅力を感じたに違いない。

師をお訪ねした目的は、教えを聞くためと言うよりも、そばにいて師を拝するためだったことを覚えている。御いっしょできることよりも、教えを聞くことで満足するのは、的外れのように思えた。「言葉が記憶から消えさっても、お姿は忘れられない印象を心に刻み込むだろう」と私には思われた。たとえば、師の踊りをだれが忘れることができようか？　その超人的な放棄に驚嘆した私は言葉を失ったほどだった。硬貨に触れるどころか真鍮製の食器類にも触れられないほど徹底した放棄の精神が染み込んでいらしたのだった。もし触れると、指が硬直してしまうのだった。睡眠中でさえ、ほんの少しでも金属に触れられると、手が硬直するのだった。

そしてまた誠実さに対する情熱もお見受けした。師は世界にまたとない誠実の鑑でいらした。シュリー・ラーマチャンドラが父との約束を果たすために森に入ったことは、『ラーマーヤナ』で私も読んでいた。この話は注目に値すべきことだが、実際に私が目撃したことには至らない。お食事中の師が「もう食べない」とおっしゃると、本当に手が硬直してしまうのを何度も目撃したことがある。どうしても手が口まで届かないのだ。食事を中断せざるを得なかった師は、後でたいへんおなかを空かせておられた。

師は非常に活動的でいらした。師のように絶えまなく働くことはだれにもできないだろう。早朝から夜の一〇時まで教えを授け、冗談を交わし、神の御名を唱え、法悦状態で踊ること等々、集まった人びとのために常に忙しくしておられた。食事をする時間さえほとんどなく、五分で食事を呑み込むと、また休むまもなく語り出され、うたわれる日もあった。

さらに師のサマーディは独特の現象だった。信仰の話をしているうちに、しばしば御自分を忘れてしまわれるのだった。こうして心が外界から引きあげられると、肉体意識は跡形もなく消えさった。そしてお身体は像のように不動となり、一切の活動を停止した。呼吸や心拍が止まってしまうことさえあった。こうした深いサマーディは、何事かに完全に集中されているときに起こるのだった。こうした状態でお身体が燃えている炭に触れて火傷を負ったことがあったが、師は気づかれずにいらした。医者が呼ばれて皮膚に残った炭は除去されたが、背中の右側には痕が残ってしまった。

師の際限のない信仰心をどう表現したらよいのだろう。信仰を嘲っていた多くの人も、師のひと触れで信仰者に変わった。ヴィシュヌ派の聖典に記されているマハーバーヴァは最高の法悦状態を示す珍しい特徴だが、師には常に見られたことだった。そして師の知識に関して、私に何が言えよう。はばかりながら言えるのは、われわれ通常の人間が持つ知識はまったく持ち合わせておられなかったということだ。師は知識を通して、あらゆるものを御自分の一部と見なされ、『一なるもの』の現れを万物の内にごらんになっておられたのだ。師の御慈悲によって、多くの凡夫が偉大なブラフマンの知者となったのだ。こうした話は師を知る手掛かりになろう。

ある日私は大胆にも師におたずねした。「師よ、タパス（苦行）とは、またサーダナーとはどういうことなのでございましょう？　そしてなぜあれほどまでタパスに励まれたのですか？」師が答えられた。「タパスやサーダナーとは心を集中する努力のことで、望ましい結果をもたらす。行に励む者は、肉体や感覚の喜びにはまったく関心を寄せないのだよ。例えば釣り人のエサに魚が食らいついているとする。そこに雨がひどく降り出したり、だれかが問いかけてきたりしたとする。それでも釣り人は魚以外のものには目もくれないのだ。傘をさして問いに答えるのは、魚を釣りあげてからだ。苦行や厳しい修行を実践することなしに、ブラフマンに至ることはできない。わずかばかりの金を稼ぐための試験に、どれだけの労力がそそがれることだろう！　昼も夜も寝食を忘れてまで読書に勤しんで、やっと成功するのだ。それに優るどれほどの努力がブラフマンの実現に必要か、想像してごらん」

「タパスはあらゆる力の源だ。世界の創造、維持、破壊のためには、神さえもが苦行に励む、と聖典は教えている。それならば、われわれにはどれほどの苦行が必要だろう！　一二年間に及ぶタパスの嵐が吹き去った。熱も寒さも雨も私の体を通りすぎたのだよ。外界の意識をすっかり失って、でこぼこの地面の上に座っていたものだった。まばたきもすることなく、神に没頭したものだった。少しばかり意識を戻させて食事を与えるために、棒で背中をたたいてくれる者がいたのだが、私は食べている最中にまた意識を失ってしまうのだった。聖なる母のヴィジョンに恵まれて、腹の底から笑うこともあった。またヴィジョンが見えないときにはひどく泣いたりもした。私を見ようとして、人だかりができたのだそうだ。ときには生命の兆候が消えて、体が硬直してしまうこともあった。鳥たちが生き物ではないと思って、瞑想中の私の頭に止まったと聞いている。世俗の物事への想念は持たなかった。最初は神が礼拝の対象で、自分は礼拝者だと思って神を瞑想していた。そのうちに区別がなくなって、その結果完璧な合一の状態に至ったのだった」

「この状態に三週間留まると肉体は脱落する、と聖典は教えている。しかし前に言った男が私をたいて意識を戻し、無理矢理食べ物を呑み込ませてくれたのだ。こうして肉体は保たれたのだよ。その状態を通過するのに六カ月かかった。それからの私は、母をさまざまなお姿で理解したいと思うようになった。ハヌマーンは主人に対する召し使いの態度を持つ神の礼拝者の鑑で、その態度によってシュリー・ラーマを実現したと聞いていた。私もしばらくその態度にとどまって、シータとラーマのヴィジョンを得たのだよ。ヴリンダーバンの牛飼いゴーピーの態度を実践していたときには、ラーダーとクリシュナを実現した。また母を求める子どものように神に呼びかけたときには、あらゆるエネルギーの根源マザー・カーリーを見たのだった。あらゆる感情から自由な態度で瞑想したときには、三日間でニルヴィカルパ・サマーディに達し、ブラフマンを悟った。グルのトーター・プリーなる裸の人は驚いて言った。『なんと神聖な現象だ！　私が四〇年間の激闘の末に至ったブラフマンの知識に、三日で達したとは！』アッラーを瞑想すると、アッラーのヴィジョンに恵まれた。またイエスにも会った。さらに六四のタントラ行法を実践したのだった」

私は師におたずねした。「師よ、あなたのサーダナのお話を聞きました。どうしてそんなに多様な修行が必要だったのでしょうか？」子どものような師の目がたちまち感動に涙ぐんで揺れた。「わが子よ、すべておまえたちのためにしたことなのだよ。私個人としては必要なかったことなのだ」そう言うと師はサマーディに入られた。サマーディから戻られると、ほとんど聞き取れないような口ごもった口調でおっしゃった。「おお、人よ、私はおまえのためにこんなにまでしたのだよ。おまえはほんの少しするだけで良いのだ」その後ほほ笑んでおっしゃった。「子どもよ、だれもが自分の料理を作らねばならないと思うかね？　母がすべて料理してくださっているのだよ。信仰を持ちなさい。食事にあずかり、祝福されなさい」聖典が「無限にして動機のない慈悲の大海」と称する神のしるしを私は師のうちに見た。さもなければ、どうして師があそこまで他者のために苦しまれただ師はふたたび厳粛におっしゃった。「いいかね、こうした実践は模範を示すために必要なのだ。私は一六の部門すべてを経験したのだ。おまえは一部門でいいのだ」私はおたずねした。「師よ、神聖な話を語ったり、聞いたりすると、あなたは硬直して意識を失ってしまわれます。それなのにお顔は喜びに光り輝き、お身体もまたまばゆいばかりなのはどうしてなのでしょう？　あの状態でどのようなことを経験されるのですか？」師はほほ笑んで答えられた。「あれが瞑想の極みで、サマーディと呼ばれるものだ。私は聖母のお心を一六分の一お借りしておまえたちと語ったり笑ったりするのだ。しかし残りの部分は母とともにあり、存在・知識・絶対の至福として彼女の真髄を瞑想するのだ。母を語り、母のことを耳にすると、心が完全に『絶対者』に向けられて、たちまちサマーディが起こるのだ」

「サマーディが本当は何なのかわかるかね？　それはブラフマンへの完全な没入なのだ。そのときの私がどんな気持ちかわかるかね？　浜辺に置かれたたらいの中に魚が入っているとしよう。そのたらいが偶然割れれば、魚は無限の海への道を見つけるのだ。そうなれば感極まって大騒ぎになるではないか。同じようにサマーディにある私の心はこの肉体を飛びだして、存在・知識・絶対の至福の中に飛び込むのだ。それだから肉体はあんな風に見えるのだよ。言い換えると、肉体意識は失われて、高次の自己パラマートマン、すなわち千の花弁を持つ頭上の蓮の花に溶け込んだ魂は、言い表せない至福を体験するのだ。この体験が神聖な至福の波を顔に送り込み、肉体は光を放つのだ。まさにこの自己がシヴァに、絶対者になるのだ」

師のなかに見られたすばらしい霊性の力の一つ二つを手短かに書き記してみよう。私の心には、ときおり異議や疑いが生じることがあった。一週間ほど思いめぐらしては、結局師に問題解決を持ちかけようとしたものだった。すると師は他のだれかとの会話の中で、まさに同じ問題を取りあげて解決されてしまうのだった！　あるとき一人の信者が菓子の盆を師にお持ちして、心の中で四つおささげした。残りは信者たちのためだった。私は師が御自分の分を取られて、残りを返されるのを見た。師が単に願ったり、祝福したり、触れたりされることで、不信心者や無神論者が熱心な信仰者に改宗するのをこの目で見た。師が恩寵によって触れてくださると、だれもが三、四日間心身に言いようのない喜びを感じたものだった。実に筆舌につくしがたい体験だった。これは実際に目撃し、経験した者だけにわかることだった。

ある日私がたいへん腹をすかせていると、師はそれをご存じだったかのように、急いで部屋の棚から甘い菓子を取ってくださった。てっきり空腹の私にくださるのかと思ったが、師がされたことはその反対だった。なんと御自分が召し上がられたのだ。それから水を所望されると、手渡された水を飲まれた。そしてすっかり満腹の御ようすでおっしゃった。「ああ、ほっとしたよ！　満足だ」

すると不思議なことに、師の満腹が私の空腹と渇きを癒してくれたのだった。ドラウパディーの鍋からほうれん草を一口召し上がったシュリー・クリシュナが聖者ドルヴァーサとその一行の飢えを満たした『マハーバーラタ』にある話が思い出された。まさに同じ現象がその日わが身に起こったのだった。

シュリー・ラーマクリシュナは、われわれと違って、説法の集会を前もって知らせたりはされなかった。「母よ、あなたのお仕事のためにこの肉体を保たせておられるのなら、御自分で人びとを連れてきて、私の口にお好きなことを言わせてください」とおっしゃっていた。「女と金の二つがこの世に呪縛をかけているのだよ。この二つが神の実現の障害なのだ。私はその両方を、まるで毒であるかのように捨て去ったのだよ。しかし不思議なことに、女を常に母と見なすならば、女は霊性の道の妨げにはならず、助けとなるのだ。そしてまた金も神や信者への奉仕のために使うなら、大した害にはならない」

また師はおっしゃった。「いいかね、神を悟るのに最高の苦行とは、真実であることだ。心と言葉を一つにしなさい。ハートで思うことだけを話すのだ。神は嘘のあるところには決してお姿を現されないのだ。修行を通じて心が純粋になるほどに、神のお姿はもっとはっきりと映し出されるようになるのだよ。ほこりだらけの鏡に顔がはっきりと映らないように、不純な心は神のお姿をきれいに映せないものなのだ。それだから私は言うのだ。神の御名において泣きなさい。ハートの不純さが涙で洗い流されると神のお姿を拝するだろう、とね。そうでなければ、ただ踊って飛び回っても何にもなるまい。目から涙が滴り落ちるようにならない限り、信仰の実践は必要なのだ」

「神に至る別の方法は放棄だ。これはどういう意味だろうか？ ちょうど北に進めば南からどんどん遠ざかるように、神への深い愛があれば、他のすべてが自ずから脱落するのだ。それだから神を強く愛するように言っているのだよ。妻が夫に対して、子どもが母親に対して、そしてまたけちん坊が富に対して持つような憧れを神に対して抱かなくてはならない。また、身口意《しんくい》において為すことはすべて神の仕事だと常に見なすやり方もある。神こそ主人であり、自分は召し使いなのだ。もう一つの行法は、実在と非実在を常に識別するやり方だ。完璧な平常心を保って、万物のうちに神の現れを見ようとするのだ。わが子よ、どの神の御名を選ぶか、どの宗教を信仰するかは、問題ではないのだ。どの信仰の道も神に至るのだ。すべての御名は彼の御名なのだ。一つの教え、一つの御名に心を込めておすがりするのだ。これが『理想神』への揺るぎない信仰と呼ばれるものだ」

「それにヨーガとは何かを知っているかね？ 心を神に結びつけることだ。行為、信仰そして知識の三つのヨーガのうち、どの道を通ってもこの統合に至ることができるのだ。行為とは何か？ カルマ・ヨーガとは、行為の結果を神にささげ、常に神を思い起こしながら、無私の精神で神の子どもたちに奉仕することだ。カルマ・ヨーガはマーヤーの束縛を解いて、人を神に結びつける。どうしてできないことがあろうか？ 務めを果たしながらも昼夜神を思うなら、神は必ずやお姿を現してくださるのだ」

「信仰と知識は結局同じものなのだ。人びとはこれが理解できず、別々のものだと思い違いをしている。バクティ（信仰）とは何か？　それは神への愛であり、さまざまな方法で神と戯れることだ。信仰者は言う。『あなたが主人、私は召し使いです。あなたがすべて、すべてがあなたです』また知識は絶対の愛を意味する。ギャーニ（知識の人）の愛は、決して神から離れたくないほど強烈だ。ギャーニは神と一つになりたいのだ。それ故『我は彼なり。我は絶対者シヴァなり』と言うのだ。信仰者の王子ハヌマーンはシュリー・ラーマチャンドラに言った。『主よ、肉体意識があるときには、あなたが主人で私は召し使いでございます。自分を個なる魂ジヴァと見なせば、あなたがすべてで私はその一部なのです。そしてサマーディの状態で自分をアートマンと思うとき、あなたは私で、私はあなただと感じるのです。そこに違いはないのです』」

「しかし霊性の経験とは段階的なものだ。母親に五人の子どもがいれば、五人とも同じ消化力を持っているわけでない。それを知っている母親は、それぞれのおなかに合った食事を与えるのだ。さもなければ、子どもたちは消化不良を起こしてしまうではないか。それに消化できない食物からどうやって力をもらうのだね？　それと同じで、グルがどの弟子にも同じ指示を与えることはない。さまざまな必要に見合った指導方法を選ぶことが、それぞれの弟子のためになるのだ。それなのに慌てて別のサーダナを始めたりすると、遅れが生じて理想にそなえなくなるのだ」

「意識が散漫になっている普通の現代人には、ナーラダによるバクティの道（神の御名を唱える方法）が一番良いのだ。いつどうやって識別、ジャパ、瞑想の時間を見つけるというのだ？ バクタ、ギャーニ、カルマ・ヨーギが偏見を持ったり、教義的になるのは良くない。実に嫌なことだ。神は存在・知識・絶対の至福なのだ。神は一なるお方でありながら、多くのものになっておられるのだ。神はあらゆる理想、あらゆる道が行き着くところなのだ。私は知識、信仰、仕事、礼拝、キルタン、ジャパ、そして瞑想等のさまざまな方法で神を礼拝するのだ。私たちに訴えてくる神の相だけが特別で、他の相はすべて価値のないものだと思うかね？ そういう排他性は好まないのだよ。こうした教義的な見解は神を限定してしまう。覚えておきなさい。神と神の相に際限はないのだ。ヴェーダは言う。『これではない、これではない』」

「神に形があると思う者もいれば、ないと思う者もいる。こうした考えもまた神を制限してしまうのだ。神は有形であり、無形でもあり、またその両方を超越しているのだ。ドーンという鐘の音を例えにとってみよう。最初の文字の部分は有形の相を表し、鼻音の部分は無形の相を表している。そしてぜんぶの音が発音された後に言葉が心に残す印象は、絶対者の相を表すのだ。その上、神は多くのお姿と御名をお持ちだ。例えば菓子屋は作りたてのチーズと砂糖を火にかけたものをさまざまな型に流し込んで、色んな名前の菓子を作る。しかしどんな形であれ、どんな名前であれ、実際の中身は同じなのだ。これと同じでどんな名前や形も、すべてサッチダーナンダ・ブラフマンのプルシャ（霊）とプラクリティ（物）の相が組み合わさったものなのだ。神が小さく見えたり、さまざまな色を帯びて見えるのは、距離のせいなのだ。神のおそばに近づくなら、遍在者にして自ら光を放たれるお方であることがわかるだろう」

「ブラフマンとシャクティがなんであるかを知りたいかね？　それは説明して理解できる問題ではない。心と言葉を越えたものをどうやって表し、理解できると言うのだね？　それだから例え話をしてあげよう。ブラフマンとシャクティは同一のお方なのだ。火とその燃える力が同一のものであるように、ブラフマンなるお方がまたシャクティでもあられるのだ。火がブラフマンを表し、そしてその燃える力がそのシャクティなのだ。また動いているヘビと休んでいるヘビの例え話もある。休んでいるときはブラフマンに例えられ、活動しているときはシャクティを表現するのだ」

宗教の至上原理は不滅だ。さまざまな時代に、人びとの好みや能力、そのときどきの必要に応じて、新しい衣がまとわれるだけなのだ。これは信仰が国家の基幹となっているインドでは取り分け真実である。かつてインドが信仰を見捨てたことも、信仰がインドを見捨てたこともない。だからこそ、画期的な預言者たちがきら星のごとく現れた後に、あらゆる宗教の調和を主唱したシュリー・ラーマクリシュナが誕生されたのだろう。

シュリー・ラーマクリシュナの不滅の信仰に対する新しい解釈は、寛容性と洞察力において従来の宗教をしのぐものだった。この新しい信仰の本質的な力は、当初から欧米で反響を呼んだ。その独創性は言うに及ばないだろう。以前の指導者やアヴァターのほとんどは、自分が説く特殊な教義こそが人類を進歩と繁栄に導く唯一の道だと宣言していた。しかるにシュリー・ラーマクリシュナはどの教義も等しく真実であり、最高にして不可分の真理に導く道である、とされた。従来の師たちは「人よ、仲間を哀れみなさい」と教えたが、シュリー・ラーマクリシュナは、「おお、人よ、だれもが神の真のお姿であると見なして、誠心誠意仕えなさい」とおっしゃった。以前の指導者たちは女性を障害物のように忌み嫌って避けたが、シュリー・ラーマクリシュナは、「女性はだれでも聖なる母御自身が別のお姿を取られたものだ。特別な敬意を払って、一切の肉欲を廃して仕えなさい。そうすればおまえの礼拝を喜ばれた聖母が、繁栄と解脱の門を開いてくださるだろう」と言われた。過去の指導者は、「情熱を殺し、信仰に至れ」としたが、シュリー・ラーマクリシュナは、「情熱を神に振り向けるなら、それは真理を実現するための偉大な財産となる」とされた。以前の教師は、「多くの聖典を読まねば、悟りの目は開かれないだろう」としたが、シュリー・ラーマクリシュナは「おお、人よ。自尊心とうぬぼれをかなぐり捨てて、宇宙の母とともにあることの至福を子どものように熱心に憧れるなら、たとえ無学であっても、完全な実現は間近にある」と模範と教訓を通して大胆にも宣言された。

シュリー・ラーマクリシュナの無限の相を描きだすのは、私自身のためではない。あらゆる信仰の権化であり、集大成だった師は、無数の川の流れを飲み込んでしまう計り知れない大海のごとく、無限の理想を包み込んでおられた。シュリー・ラーマクリシュナのお力によって新しい生命とインスピレーションがかき立てられるよう、御前に平伏しよう。そして声高に宣言しよう。「すべての信仰に栄光あれ。ヒンドゥー教、仏教、イスラム教、キリスト教、そしてすべての宗教に。ヴェーダ、プラーナ、コーラン、聖書、その他すべての世界のあらゆる聖典に栄光あれ。ギャーナ、カルマ、バクティ、ヨーガの四つの偉大な道に栄光あれ。あらゆる国と時代の預言者に栄光あれ。あらゆる信仰と理想、そしてアヴァターの権化シュリー・ラーマクリシュナに栄光あれ！」

〔出典：Prabuddha Bharata (Mayavati: Advaita Ashrama), April 1919〕

ヨーギン・マー（ヨーギンドラ・モーヒニ・ビシュワス）

第八章　ヨーギン・マー（ヨーギンドラ・モーヒニ・ビシュワス）

一八八二年、ヨーギン・マー（一八五一～一九二四）はバララーム・ボシュの家でシュリー・ラーマクリシュナに初めてお目にかかった。以後たびたびドッキネッショルに滞在し、師とホーリー・マザーにお仕えした。師が亡くなられた後は、ホーリー・マザーの付き添いの一人となった。

夫の母方の叔父に当たるバララーム・ボシュは、多くの点で卓越した人物でした。たとえば、ドッキネッショルにシュリー・ラーマクリシュナをお訪ねするときは、いつも舟を雇い、朝早くに一軒一軒家を回って師の信者たちを呼び集めるのでした。なんという謙虚さでしょう！　師の御前にあって感得する至福を皆とわかち合うのが願いだったのです。

ある日シュリー・ラーマクリシュナがバララーム・ボシュの家にいらしたので、私たちはお目にかかりにうかがいました。師にお会いしたのはこのときが初めてでした。師は大広間の片側で深いサマーディに入ったままたたずんでおられました。外界の意識はなくしておられました。あえて師に触れようとする者はなく、皆が離れたところからぬかずいていました。私たちも同じようにしました。当時の私にはサマーディというものがまったく理解できませんでした。ですから最初は師のことを酔っぱらいのカーリーの信者だと思いました。私には初対面で師を理解することはできませんでした。そして大酒飲みだった夫に結婚生活を台無しにされたことが瞬間的に思い出されると、この酔っぱらいのような人にふたたび霊性の生活を損なわれるのだろうか、と不安になりました。しかし徐々に師を知るようになっていったのでした。

初めのうちはバララーム・ボシュといっしょにドッキネッショルを訪れていましたが、後には母やバララーム・ボシュの妻など女性信者たちと連れだって、自分たちだけで行くようになりました。私は少しずつ師に引かれていきました。師を訪問することを考えただけで、心は喜び踊るのでした。訪問を予定していた日には、早起きしてできるだけ急いで家事を済ませたものでした。師にお会いしたいという憧れは果てしのないものでした。お部屋に着くと、すべてを忘れて御前に座ったものです。ときおりサマーディを経験される師のお顔を、私たちは驚きの念をもって拝したものでした。師はなんと哀れみ深くあられたことでしょう！　ありきたりのお土産をお持ちすると、いつも少年のように喜んでおっしゃいました。「とてもおいしいね！　実にうまい！」そしておいとまの際にはいつも「またおいで」とおっしゃるのでした。

師の訪問から帰宅すると、一週間は陶然たる心地ですごしました。こうした経験が強い関係を築いてくれたのでした。あの喜びを表現することは不可能でしょう。料理などの家事に従事しているときも、心は師とともにありました。数日たって陶酔状態が遠のくと、私の心はふたたび師にお会いすることを恋い焦がれるのでした。

初めての訪問後しばらくして、ホーリー・マザーが田舎の家にたたれました。私はガンガーの岸辺に立って、舟が見えなくなるまでそのお姿を見送っていました。それからナハバトにもどるとさめざめと泣きました。パンチャヴァティから戻られる途中、私が泣いていたことに気づかれた師は、後で私をお部屋に呼んで優しくおっしゃいました。「彼女（ホーリー・マザーのこと）がいなくなったので、おまえは随分つらい思いをしたね」それからタントラの修行をされていた頃のすばらしい霊性の体験を語って慰めてくださいました。約一年半たってお帰りになったホーリー・マザーに師がおっしゃいました。「よくここに通っているあの大きなきれいな目をした女の子は、おまえをたいそう慕っている。おまえが田舎に帰ったとき、ナハバトでひどく泣いていたよ」マザーが答えられました。「ええ、あの子のことはよく存じております。名前をヨーギンと言います」

私の母方の叔父の家は、西カルカッタのクマルトゥリにありました。スマシャネシュワラ・シヴァ寺院は彼の家族のものでした。私の家族で一番最初に師にお会いしたのは祖母でした。一八七〇年代のカルカッタの人びとは、ケシャブ・チャンドラ・センの新聞や雑誌記事を読んでシュリー・ラーマクリシュナについて知るようになりました。記事を読んだ祖母は、師にお会いするためドッキネッショルに向かったのでした。実に不思議なことに、そこに着いて最初に出会ったのがシュリー・ラーマクリシュナその方だったのでした。ところが服装やお姿が普通の人と変わらないので、それがどなたなのかわかりませんでした。祖母は師に向かって「ラーマクリシュナ・パラマハンサはどこにおられるのでしょうか？　どうしたら御謁見できるのでしょうか？」とおたずねしました。すると師が答えられました。「私がその人の何を知ろうか。『パラマハンサ』と呼ぶ人もいれば、『若い神職』と呼ぶ人もいる。そしてまた『ガダーダル・チャッテルジー（出家前の名前）』と呼んでいる人もいる。だれか他の人に頼んで探してごらん」あいにく祖母はそれ以上追求することなく帰宅したのでした。

師がおっしゃったことがありました。「いいかね。おまえの理想神はここ（御自身の身体を示されて）にいるのだよ。私のことを思うなら、おまえの理想神を思い起こすことになるのだよ」今では瞑想の座に着くたびに師の臨在を感じています。

師はまた右手の四本の指をぴったりとくっつけてジャパをするよう、私に教えてくださいました。「指の間に少しでも透き間があると、ジャパの効果が失われてしまう」とおっしゃいました。また別の折には、「このカリユガの時代にはゴパーラ・マントラ（ゴパーラは赤子クリシュナの呼び名）かカーリー・マントラがすみやかな結果をもたらしてくれる」とおっしゃいました。

私の心に疑問が生じると、他のだれかが同じ質問を師におたずねすることが何度かあったのに気づきました。こうして師は別の人の質問に答えることで、私の心の疑いをも取り除いてくださったのでした。師は全能でいらしたのです。

ホーリー・マザーは内気な花嫁のようにナハバトに暮らしておられました。幅の広い赤色のふち取りのある布をまとって、ひたいには朱色の印をつけておられました。長く豊かな黒髪をお持ちでした。首飾りと鼻輪、耳輪、そして腕輪をされていました。（腕輪〔複数〕は、マドゥーラ・バーヴァの修行中だった師にモトゥル・バーブが差しあげたものだった）マザーとごいっしょできることは、私にとって限りない喜びでした。私が髪を編んで差しあげると、たいへん喜んでくださいました。

ある日マザーがおっしゃいました。「ヨーギン、師は随分たくさんの人びとの内に神意識を目覚めさせてくださったのに、私は何も受けとっていないのですよ。このことを師にお伝えしてくれる？」純朴だった私はマザー（の偉大さ）を理解していませんでした。私は師のもとに直行してマザーの言葉をお伝えしましたが、師は黙っておられました。ナハバトにもどると、マザーは礼拝をしながら法悦状態に入っておられました。笑っているかと思えば突然泣きだし、また別のときには不動で座っておられました。この神聖なお遊びを目撃した私は驚いてしまいました。通常の意識状態に降りてこられたマザーに私はおたずねしました。「サマーディの経験がないと嘆いていらしたのに、いったいこれはどういうことですか？」マザーはほほえまれました。

私が学んだことはすべて師の恩寵によるものでした。通常は修行の実践を伴わない限り、読書を良しとはされなかった師でしたが、私には信仰の聖典を読むようにおっしゃられました。師は「たくさん本を読んでどうするというのだね？」とよくおっしゃっていました。

ある日師におたずねしました。「私たちはどうなるのでしょうか？」「これ以上何が欲しいのだね？」

と師は答えられました。「おまえは私を見たし、私に食事をさせてくれて仕えてくれた。他に何が必要なのだ？　心配はいらないよ。死のときには、第七段階にある千の花弁を持つ蓮（サハスラーラのこと）が花開くだろう」さらには「信者の最期の瞬間には、私が姿を現そう。さもなければどうして彼らが解放されるだろうか？」ともおっしゃっていました。

師がマザーのことでおっしゃいまいした。「彼女が普通の女だと思うかね？　学問の女神サラスワティの一部である彼女はたいそう知的だ。美の権化であるサラスワティは、上手に装うのが好きなのだ。普通の女ではない。彼女は私の『力』なのだ」

〔出典：Ramakrishna-Saradamrita, by Swami Nirlepananda (Calcutta: Ka runa Prakashani), 1968; Sri Sri Mayer Katha (Calcutta: Udbodhan Office), vol. I, 1969〕

第九章　ある女性信者

私たち女性信者にとって、普段シュリー・ラーマクリシュナは男性のようにはまったく思われませんでした。まるで女同士であるかのようでした。ですから他の男性といる時に感じられる恥じらいやためらいは少しも感じられませんでした。まれにそうした感情が起こることはあっても、私たちはすぐに忘れて、何をためらうこともなく思っていることを師にお話ししたものです。

サル（牛乳を煮詰めて作った菓子）が師の好物であるのを知っていた私たちは、カルカッタの有名な菓子店ボーラで大きなサルを買いました。私たち五人はいっしょに舟を雇ってふらりとドッキネッショルに向かいました。しかし師はカルカッタに行かれてお留守だとのことでした。私たちは、どうしたものかと途方に暮れてしまいました。居合わせたラムラルに、師はカルカッタのどこにいらしたのかたずねると、カンブリアトラ（現在のシャムプクル）にあるM（マヘンドラナート・グプタ）の家に行かれた、とのことでした。Aのお母さんが言いました。「その家なら知っています。実家の近くです。行きますか？　行きましょうよ。ここでお待ちしていても何になるでしょう？」皆が同意しました。お菓子をラムラルに手渡すと、「師がお戻りになったら、どうか差しあげてください」と頼んで出かけました。

舟は返してしまっていたので、歩いて行きました。しかしこれが師の恩寵というものなのでしょう。アラムバザールまでわずかな距離を行ったところで、カルカッタに帰る途中のすいた馬車が見つかりました。私たちはその馬車を雇ってシャムプクルに着きました。ところがそこには新たな困難が待ち受けていました。Aのお母さんがMの家を見つけられなかったのです。彼女は私たちをあちこち連れて回った後、馬車を実家の前に止めて召し使いを呼びました。召し使いがいっしょにきて家を教えてくれました。こうして私たちはとうとうMの家に辿り着くことができたのでした。でもどうして私たちにAのお母さんを責めることなどできたでしょうか？　彼女は私たちよりも三、四歳年下の二六、七歳だったのです。嫁の立場にあった彼女は一人で道路にでたこともなかったのでした。それに狭い小路にあったMの家が、どうして彼女に見つけられたでしょうか？

ひどく難航しながらも、ようやく私たちはその家に着きました。私たちは当時、Mの家族と知り合いではありませんでした。家に入って行くと、小さな部屋で木製の小さな寝台に腰掛けておられる師が見えました。おそばにはだれもいませんでした。私たちをごらんになると、師はお笑いになって「おやおや、どうやってここまできたのかね？」と愛情深くたずねられました。私たちはごあいさつを申しあげてから一部始終をお話ししました。師はたいへんに喜ばれました。それからわれわれに座るようにおっしゃると、さまざまな話を始められました。師が女性には触れさせなかったとか、近づくこともお許しにならなかったとか、今では多くの人が言っています。私たちはそんな話を聞くと笑ってしまうのです。そして私たちは、師がそんな方ではなかったという生き証人だと思うのです。師がどんなにお優しかったのか、だれにもわからないでしょう。男性にも女性にも等しく思いやりある態度で接してくださいました。それでも長い間女性がお近くにいると、「さあ、寺院に行って、祭られている神様たちにごあいさつをしてきておくれ」とおっしゃったのは本当です。男性にも同様に話されているのを耳にしたことがあります。

ともかくも、私たちは師といっしょに座っておしゃべりをしたのでした。私たちのうち、年輩の二人は扉のすぐ近くに、残りの三人は部屋の隅に座っていました。そこに、師が『太ったブラーミン』と呼んでおられたプランクリシュナ・ムコパッダエが突然やってきました。私たちがその小さな部屋から抜けだすすきはありませんでした［1］。それにどこに行けたというのでしょう？　扉の近くには窓がありました。年輩の二人はそこに席を取り、残りの私たち三人は師が座っておられた寝台の下に潜り込んで横たわりました。三人とも蚊に刺されて体中が腫れ上がってしまいました。でもどうしようもなかったのです。身じろぎもせずに横たわっているしかなかったのですから。ブラーミンは一時間ほど師とお話をすると帰って行きました。私たちは笑いながらはいだしてきました。

師が奥の部屋に招かれて軽食をとられたので、私たちもお供しました。師はその後馬車に乗ってドッキネッショルに向かわれました。私たちは歩いて家に帰りました。夜の九時頃でした。

翌日私たちはまたドッキネッショルに行きました。到着するとすぐに師がいらして、「ああ、おまえたちからの菓子はほとんど食べてしまったよ。ほんの少しだけ残っている。しかし具合が悪くはならなかった。ちょっと胃がもたれただけだ」胃弱でいらした師にこってりとしたものは合わないと知っていた私は、師が大きなサルをほとんど平らげられたと聞いて驚いてしまいました。それに師が神聖な半意識状態で召し上がられたということを聞きました。師はMの家で食事をされて、一〇時半にドッキネッショルに帰られたということでした。戻られるとすぐに恍惚状態に入って、ラムラルに「たいそう腹がすいた。なんでもいいから部屋にあるものを持ってきておくれ」とおっしゃいました。ラムラルは急いでサルの塊を師の前に差し出しました。すると師はほとんどぺろりと召し上がってしまわれたのです。そのとき私たちは、ホーリー・マザーやシスター・ラクシュミーが話していたことを思いだしました。恍惚状態の師は時に大量の食物を召し上がっても、消化してしまうとのことでした。ああ、師の恩寵の計り知れないこと！　その慈悲の深さを言葉で言い表すことはできません。なんと魅力にあふれておられたことか！　師をお訪ねしては繰り広げた多くのでき事は自分たちにも理解し兼ねます。聖者にお会いして、その霊性のお言葉に耳を傾けるためならば、知らない人の家にでもいきなり押しかけて行くことなど、今の私たちには考えられません。私たちの行動力の源であられた師がお隠れになって、こうしたでき事も失われてゆきました。師が亡くなられた今もなお、どうしてまだ自分たちが生きているのか、私たちにはわかりません。

女性が男性に会ったときの身のこなしを、師が私たちの前でまねて見せてくださったことがありました。ヴェールを引きあげ、耳のあたりの髪の毛を引っ張ったり、胸元まで衣で覆ったり、不必要で意味のないさまざまな言葉を並べ立てたりされました。そのものまねは完璧なまでにそっくりでした。私たちはそれを見て吹き出しましたが、師が女性をあんな風に見下しておられるのかと思うと恥ずかしくもあり、心が痛みました。そして「どうして女はみんなこうなんでしょう？」と思いました。結局は女性である私たちにとって、そうした女性の物まねを見るのは当然つらいことでした。ああ、師はただちに私たちの思いを察すると、愛情を込めておっしゃいました。「ねえ、私はおまえたちのことを言っているのではないよ。おまえたちは世俗的な性質ではない。こんなふるまいをするのは、そういう性質の女たちだけだ。……私には一目見れば人の性質がわかる。善人か、悪人か、高貴な生まれか否か、知識の人か、信仰の人か、神を実現できるかできないかも。私にはすべてがわかっている。だが人を傷つけないように黙っているのだよ」

［１］当時の若妻は非常に恥じらい深かった。知らない男性の前ではヴェールで顔を覆ったり、姿を隠していたりした。

［出典：Sri Ramakrishna, The Great Master, by Swami Saradananda (Madras: Sri Ramakrishna Math) vol. I, 1978］

ニシタリニー・ゴーシュ

第一〇章　ニシタリニー・ゴーシュ

ニシタリニー・ゴーシュ（?～一九三二）は、ナヴァゴパール・ゴーシュの妻であった。夫婦そろってシュリー・ラーマクリシュナに深く帰依しており、息子の一人は後にラーマクリシュナ僧団の僧となった。シュリー・ラーマクリシュナは、ニシタリニーについて「偉大な魂だ。一〇のお姿を持たれる聖母のひとりの部分的な現れだ」とおっしゃっている。

長年私の夫は神の実現に導いてくれるサードゥ（聖者）を探し求めていました。夫があるサードゥの指導に従い始めた頃、友人が言いました。「どうしてこんな男に時間を浪費しているのだ。ドッキネッショルに行ってごらんよ。君の疑いをすべて晴らしてくれるパラマハンサ（悟った魂）にお会いできるよ」そこである日曜日、夫と私はドッキネッショルに赴き、シュリー・ラーマクリシュナにお会いしたのでした。たいへん暖かく迎えてくださり、師が聖なるお方であることがただちに感じられました。

それからの三年間、私たちは師をお訪ねしませんでした。それは夫が行じていた、ある種のサーダナ（霊的な修行）を終えるまでは、他の指導者に従ってはならないと感じていたからでした。ある日寺院を訪れたある人に師が突然おっしゃったそうです。「三年ほど前に、ナヴァゴパール・ゴーシュという名前の男が、妻といっしょに私に会いにきたのだが、それ以来姿を見せない。私が会いたがっていると、伝えてくれないか」三年も過ぎた後も、師は名前を覚えていてくださったのでした。そして師がお呼びくださったのは、折しも、夫がサーダナを終えたときだったのです。

次の日曜日私たちは師を訪れ、それ以来日曜日ごとに朝の一〇時から夜の一〇時までうかがいました。

私がお訪ねすると、男性全員の人払いをされて、私と二人きりでお話をしてくださいました。あるとき、私がドッキネッショルに足しげく通う理由と、師の中に何を見るのかをおたずねになられました。「それは申しあげられません。ただわかっているのは、プラフラーダに父親を忘れさせたもの、ドゥルヴァたちに両親を忘れさせたものを、私はここに見るのです」と私はお答えした。

私は友人に勧められたハリボル（主の御名を唱えること）を実践していましたが、そのことで、心に大きな当惑を感じていました。「こうして私はハリ（主の御名）に呼びかけている」、私は自問しました。「それなのに救済はグルのみに求めるべきだとされている」。ドッキネッショルに伺うと、私が悩みを持ちだす前に師がおっしゃったのでした。「グルとハリは一つだ」

ある日、師がわが家にお越しになるのを大勢の信者が集まってお待ちしていました。到着された師はまっすぐに階上に上がられると、私としばらくお話をされました。当時私の聖堂にはシュリー・クリシュナの絵が飾られていました。私はどうしてもクリシュナのヴィジョンを得たいのだと師に申しあげました。師は信者が全員でサンキールタン（聖なる歌）をうたっている階下へと下りて行かれました。信者たちは足まで届くどっしりとした花輪を師のお首に掛けて差しあげました。すると師はたちまちサマーディに入られて、シュリー・クリシュナとそっくりの姿勢をとられたのでした。これを見た信者もまた高次の意識状態に入っていきました。後で私に、満足したか、と師がおたずねになりました。私はクリシュナのかたわらにいるラーダーを見たい、と申しあげました。「ああ、それはいま少し待たねばならない」師が笑って答えられました。

また別の折にわが家をお訪ねくださった師は、サーリーをまとって足輪や宝石を着けておられました。そして果物や菓子が用意された席に着かれると、夫に宝石をねだる若妻そっくりに話し、振るまわれたのでした。こうして一時間以上をすごされました。物まねのうまさは卓越しておられました。

ある日曜日のこと、私たちはドッキネッショルにおりました。師に差しあげるためのラサゴーッラー（甘く水気の多いボール状のチーズ）を四個たずさえた貧しい女がやってきました。あいにく部屋がたいへん込み合っていたので、中まで入って差しあげるわけにはいきませんでした。そこでその女はナハヴァトのホーリー・マザーのベランダにくると、はるばるやってきたのに師にお会いできないまま帰らねばならないことを嘆いて、ひどく泣きました。たった四つのラサゴーッラーでも、大きな犠牲が払われていることが見て取れました。こうして彼女が泣いているところに、突然シュリー・ラーマクリシュナが川を見下ろしながら、ベランダを回ってお姿を現されたのでした。ガンガーを見つめて数分間たたずんでおられましたが、階段を下りると、急いでマザーのお家に向かって歩いてこられたのです。ベランダに入られると、あちこち見回され、だれかをお探しのようでした。それからその貧しい女を見つけると、そばに寄っておっしゃいました。「たいそう腹がすいてしまった。何か食べる物はないかね?」女性は大喜びでラサゴーッラーを差しあげたのでした。師はとてもおいしそうに四つとも召し上がると自室にもどって行かれました。その女性は幸福感に満たされて家路に着きました。

動物までもが師のもとに避難場を見つけました。三匹の子ネコを連れた母ネコが、ドッキネッショルの師のお部屋に避難してきたことがありました。母ネコは寝台で師の足もとに眠ることもあり、師が手を伸ばして触れられると、急いで身を起こしてプロナムのような格好をするのでした。寺院ではちゃんとしたエサがもらえないと思われた師は、このネコと子ネコたちをどうしたものかとひどく心配されました。そして私がうかがったある日、「一つ頼んでも良いかな?」とおっしゃったのです。

私は両手の指をしっかり組み合わせると「どんなことでも必ず致しましょう」と申しあげました。しかし師がもう一度同じ質問をくり返されたので、私も同様にお答えしました。

するとネコの話をされて、私の家に連れて行くようにおっしゃいました。「私のもとに避難してきたネコたちだと言うことを覚えておくのだよ。大事に世話をしてやっておくれ」私はネコを家に連れて帰りました。寺院を訪れる私に、師はいつも、ちゃんとエサを与えているか、子ネコは大きくなったか、御自分がどのような指示をだしたか等、ネコに関する細かなことをおたずねになられました。かわいがってくれない人に、私がネコを譲ってしまわないよう、非常に心配されていました。そしてくり返しおっしゃいました。「覚えておくのだよ。私のもとに避難してきたネコなのだよ」母ネコは二度と子ネコを生むことはありませんでした。ところがその年の暮れ、突然病気にかかって死んでしまったのです。私は瀕死のネコの口にガンガーの水をそそぎ込み、シュリー・ラーマクリシュナの御名を唱えてやりました。

コシポルのガーデンにうかがった私に、師は訪問の理由をふたたびおたずねになりました。「おまえには子どもがいる。宝石や家具も持っている。それなのにどうして私のところにきたいのかね?」私はお答えしました。「そんなものは欲しくはありません。あなたを愛しているから、あなたがほしいからやってくるのです。あなたの祝福がほしいのです」すると師はただちにサマーディに入られました。サマーディから降りてこられると、私の頭に手を置いて祝福してくださいました。

コシポルにいらしたシュリー・ラーマクリシュナにお菓子をお持ちしたことがありました。ためらいながら御前に立っていると、師がおっしゃいました。「何がほしいのだね?」私が「お菓子を差しあげたいのです」と申しあげると、「たいへんけっこうだ」とおっしゃられて、御自分のお口にお菓子を入れさせてくださいました。それでもまだ私は立っておりましたので、師は「満足したかね?」とおたずねになりました。「いや満足していないな。それじゃあ、何がほしいのかね?」とおっしゃるので、私は両手の指を組んでお答えしました。「もう少しお菓子を差しあげたいのです」師はもう少しお口にお菓子を入れさせてくださいましたが、まだ不満そうな私をごらんになって、三度目の質問をされました。もう一度お菓子を差しあげたいと言うと、「いや、今はもういい。待ちなさい。私はおまえたちが供えてくれる菓子をスクシュマ・シャリーラ(微細体)で受けとろう」と、おっしゃいました。

コシポルのガーデンにうかがったとき、訪問客が多すぎて、階上に上がれなかったことがありました。しばらくお待ちしていると、シュリー・ラーマクリシュナが「今日はこれを見て満足するように、彼女に伝えておくれ」とおっしゃって、御自分のお写真を私に持たせてくださいました。後に師はそのお写真が「貨物列車や海を渡る汽船や運搬人によって旅をするだろう。人びとはそれをポケットに入れたり、懐中時計の鎖につけたりして持ち歩くだろう」と話してくださいました。

〔出典:Sri Ramakrishna and His Disciples and Days In An Indian Monastery, by Sister Devamata (La Crescenta: Ananda Ashrama), 1928 & 1927〕

第一一章　ケダールナート・バンディヨパーダーエ

ケダールナート・バンディヨパーダーエ（一八六三〜一九四九）は、シュリー・ラーマクリシュナの信者だった。この回顧録は、ケダールナートが初めて師にお会いしてから六〇年以上たった後に書かれたものである。ケダールは、引用符を用いたり、自分の言葉で師のお考えを表現している。

私の実家はドッキネッショルにあり、ガンガーのすぐ近くだった。友人たちは沐浴に行く途中や夕方に通りかかった際に、わが家のフェスティバル・ホールを訪れては室内ゲームをしたり、座っておしゃべりを楽しんだりしたものだった。あれはたぶん一八八一年か一八八二年の日曜日か祝日のことだった。隣人で学士を目指していたハリダース・チャッテルジーが立ち寄って言った。「カルカッタの学生仲間が（ドッキネッショルに）きている。君に紹介したいから、いっしょにきてくれ」

彼と出かけた道すがら私はたずねた。「こうして招待してくれるからには、何か特別な理由でもあるのかい？　あるのなら、その友だちに会う前にどうか教えてくれないか」

ハリダースはほほ笑んで答えた。「特別なことじゃないんだ。君は知識もユーモアもあるし、機知に富んでいて、ここでは一番の話し上手だ。彼も大学で同じタイプなんだ。だれもがいっしょにいたがる。あんなにおもしろく魅力的に話す人は滅多に見つからないよ」

これを聞いた私は面接試験に行くようで、多少不安な思いに駆られた。しかし考えるまもなくハリダースの友だちと会う場所に着いてしまった。その人は私を見るなり、膨らした米をひとつかみ自分の口に放り込んで言った。「ようこそ、偉大なる友よ」そして膨らした米をのせた皿を私に押し付けると言った。「どうぞ食べてくれ」

ハリダースが、われわれを紹介した。「こちらが大学の友だちでカルカッタのナレーンドラナート・ダッタだ。彼が知らないことはこの世に思いつけないくらいに博識なのだ」

ナレーンドラがさえぎった。「数学についてはどうかな。イーシュワル・チャンドラ・ヴィッダーシャーゴルは今も存命だ。彼の最重要の本『常に真理を語れ』を読んでいないのかね?」

それからハリダースは、私を紹介した。「僕の村の友人ケダールナート・パンディヨーパダエだ」

ナレーンドラはハンサムなだけではなく、すばらしい雄弁家だった。彼の魅力あふれる人柄にはだれもが圧倒された。その風刺の効いた言葉は実に楽しいものだったが、また同時にその思想は深遠で意義深く、活気に満ちていた。若くしてこれほどに広範な知識を持つことに、人びとは肝を潰した。これがナレーンドラとの出会いで、後にも先にも私の人生においてあんな男を見たことはない。

午後になると、ナレーンドラの求めに応じて、われわれ全員でラーニー・ラスモニが建てたカーリー聖堂を詣でた。ナレーンドラが言った。「以前はマザー・カーリーの崇拝者だったが、今は完全な魂となられている、無学なブラーミンというお方にお目にかかろうではないか。わが国ではよく金を払って魔術を見物する。だがここでは無料だと聞いている。前に一度うかがったことがあるのだ。この方は、私が聞きたいことは何も言ってくれないが、またお会いしたいと思う」私が覚えている限りでは、ナレーンドラはこのように話したと思う。

彼は、シュリー・ラーマクリシュナを知っているか、と私にたずねた。「ケシャブ・チャンドラ・センが『サンデー・ミラー』に書いていた、ドッキネッショルのヨーギーのことですか?」と私は答えた。

「その通りだ。偉大な魂だ。それでは、あの方を知っているのだね?」

「いいえ」私は答えた。「メーラトに住む兄が私にこの聖者に会うように手紙をよこしたのですが、残念ながらすっかり忘れていました」

「そうか。それでは行ってみよう」ナレーンドラが言った。

寺院の庭園に着いた私たちが、土手に座ると、ナレーンドラがうたいだした。まもなく男の人がやってきて言った。「シュリー・ラーマクリシュナがお呼びです」ナレーンドラは立ち上がって言った。「さあ、行こう」われわれは従った。

シュリー・ラーマクリシュナのお部屋は、寺院の中庭の北西にある角部屋だった。われわれは入室すると、合掌してごあいさつした。師は、小さな縁取りのある布をまとって、寝台に座っておられた。お顔に笑みを浮かべておられた。他の訪問者たちが床に座っていた。師は、ナレーンドラをごらんになるとおっしゃった。「どうしてこないのだね？　ずっと待っていたのを知らないのかね？

この前きたときには、寺院を回ると言って、さっさと帰ってしまったではないか」それからナレーンドラにうたうようにおっしゃった。

ナレーンドラはなんと並外れた若者だったことだろう！　頼まれるとすぐに、なんのためらいも恐れもなくうたい始めたのである。彼がうたっていると、シュリー・ラーマクリシュナは突然立ち上がってサマーディに入られた。倒れそうになると、二、三人の信者が師を支えて寝台に戻して差しあげた。ナレーンドラは熱心に一部始終を見ていた。私はこの時初めてサマーディを目撃したのだった。

ある信者が言った。「師は歌をうたってもらうのがお好きなのですが、最後までは滅多に聞かれないのです。サマーディに入ってしまわれるからです」

その日私が目にしたのは、他に類を見ないものだった。目にしたというだけでは正確ではなかろう。私は実際何ものかを感得したのだった。私がナレーンドラを見ると、彼はほほ笑んで言った。「さて、これで君の兄さんに師についての手紙を、四ページは書けるようになったね」

シュリー・ラーマクリシュナがナレーンドラにおっしゃった。「ときどき会いにきておくれ」

ナレーンドラ「私はこれから大学に行って学ばねばなりません」

師「それはけっこうだ。この霊性の生活も楽しみなさい。霊的な話を聞いて、なんの害があるだろう」

ナレーンドラ「あなたは教育を受けておられず、おっしゃることはすべて、だれかから聞いたことに違いありません。私はそういうことはすべて知っています」

私はナレーンドラの言葉に仰天したが、師はほほ笑んで彼におっしゃった。「けっこうだ。それでは多くを語る必要もあるまい。おまえがときどき訪ねてくれても不都合はなかろう。それに、おまえに会うのが好きなのだ。よろしい、行きなさい。でもまたきておくれよ」

ナレーンドラ「そうしましょう」

われわれがシュリー・ラーマクリシュナにおいとまを告げたとき、私は気詰まりを感じた。師のお部屋を辞すると、ナレーンドラが私に言った。「あの方に対する私の態度は、不作法だったと思うかね？」

「君がよくわかっているじゃないか」と私は答えた。

「今度は一人で来よう」こう言ってナレーンドラは帰っていった。

この後の帰り道、私の頭はナレーンドラのことでいっぱいで、シュリー・ラーマクリシュナのことはすっかり忘れてしまった。仲間同士とはいえ、彼は実に例外的な存在だった。恐れを知らず、知恵に恵まれていた。兵隊ではなく、最高司令官に、指導者になるべくして生まれた人だった。そしてシュリー・ラーマクリシュナが、何らかの特別な理由で、彼を必要とされていることが、私には見て取れた。あの機会に二人をいっしょに見られたのは、わが人生における輝かしい一日だった。

あれが、シュリー・ラーマクリシュナに、初めてお会いした日だった。実家で祭っていた、多くの家神にささげる花をつむために、私はよく寺院の庭園に行った。それだから、あの後、幾度も師をお見かけしていたかも知れないのだが、そうした機会に関してとりわけ興味深く思い出されることはない。師は黄土色の布（僧衣）も、宗派のしるしもつけない、普通の人として暮らしておられた。小さな赤い縁のある、白い布をまとっておられるだけだった。

＊　＊　＊

シュリー・ラーマクリシュナを描きだすことなど、だれにできようか？　ときどきお話をうかがいにカーリー聖堂に参ると、いつも二、三の馬車が外に止められていて、部屋はカルカッタからの信者であふれていた。私はドアのそばに座って耳を傾け、信者たちがいわば〝飲み込んでいる〟、師の霊性を鼓舞するお話のおこぼれにあずかったのだった。師のアドバイスは、信者のほとんどの家住者、（私も結婚していた）に向けられたものだった。

師は、よくおっしゃっていた。「人間の目標が神の実現であることを、決して忘れてはならない。まず、これを肝に銘じてから、家庭での義務を果たしなさい。どうしてバクティについて聞くことをそんなに恐れるのか？ バクティとは、神への愛だ。人は愛によって神に到る。愛はすべてを征服する。人は妻と子どものためになら、水差しいっぱいの涙も流そうが、神のためにだれが泣くだろうか？ 神を求めて、泣いて、泣いて、泣きなさい」

ある者が「神には姿形がなく、見ることはできません」と言った。師は答えておっしゃった。「神は形を取られることも、また取られないこともある。見回してごらん。神は万物の内に、万人の内においでだ。金持ちに会うのがどんなに難しいかわかるだろう。門番や秘書を通り抜け、かなり高額な贈り物をしなければならないだろう。それに朝から晩まで待たされるかも知れない。それなのに、何もしないで神を見たいと言うのかね？ そんなことができるだろうか？ 金持ちに会うためにどれだけ面倒な思いをしなければならないものか？ それなのに、なんの努力もなく宇宙の主に会いたいと言うのかね？ 最初は一生懸命に働きなさい。神を信じるのだ。神に恋い焦がれるのだ」

私よりも年少だが、非常に聡明で陽気な、多くの若者たちが、師といっしょにいるのをよく目にしていた。全員の名前はわからなかったが、その数は徐々に増えて、一七〜一八人になった。彼らは、同時に師をお訪ねすることはなかった。また年輩者といっしょに伺うこともなかった。師がこの少年たちと交わされた会話は、魅力に満ちたものだった。より軽妙でユーモアに満ちていた。冗談を飛ばしたり、何人かには、家に帰って結婚するように言って試したりもされた。そして「娘を娶って、その貧しい父親を安心させてあげる男は徳を積むことになる」ともお教えになった。「おまえたちがここにくることで、私が御両親から小言を言われないように、気をつけておくれ」と言って、幾日か、師を離れるように頼まれることもあった。

私は、この若者のグループのなかで、二人を知っていた。一人はヨーギーンドラ・ナート・ロイ・チョードリー（後のヨーガーナンダ）で、ドッキネッショルの裕福な家の出だった。丁寧でおだやかで口数が少ない彼は、ボラノゴルの高校で一級上だったのだ。

もう一人は、ドッキネッショルの学校で同級生だったアリアダハ出身の、ブラフマパダだった。ヨーギンもブラフマパダも、シュリー・ラーマクリシュナの親密な弟子になろうとしていた。師がブラフマパダに、両親からの許可を得るようにおっしゃったが、許されなかったようである。いずれにしても、ある日ブラフマパダが自殺して、村は大騒ぎになったと聞いた。師は、非常な衝撃を受けて、深く死を悼まれた。

この後まもなく、ヨーギンの両親が息子を家住者の生活に陥れようとした。アリアダハで、美しい若い娘を見つけて結婚させようとしたのである。ヨーギンは猛烈に抵抗して、結婚を無理強いしないように、熱心に乞い願ったが無駄だった。大きな富も若い妻も、彼の心を神からそらせることはできなかった。ヨーギンは家をでた。

シュリー・ラーマクリシュナの会話は、どれも次の二つの教えに集約される。それは、「ブラフマンは実在だが、世界は非実在である」と、「まず神を実現せよ。それから好きなことをするがよい」、である。私はこうした言葉を、何度も、くり返し師からうかがった。師は、だれもが理解できるような、非常に素朴な言葉で語られた。

ラシク（ラシクラール・チャンドラ）は、ドッキネッショルに住むカーリー聖堂の掃除夫だった。ある日私は、師が中庭でラシクに話しておられるのを聞いた。二人はまるで、非常に親しい友人のように話していた。師は、彼にほほ笑んでおっしゃった。「あんまり飲むのではないよ」、ラシクは酔っぱらって地面をころがっていたのである。「師よ」彼が答えた。「普段は酒を飲むほどの金もありません。でも運良くナタバル・パンジャの母さんが亡くなったので、臨時の掃除代が少々入ったのです。でもだれのお母さんが毎日死んでくれるでしょう」

ベルゴリアのガーデンハウスで、師がケシャブ・チャンドラ・センに会って、興味深い話をされたと聞いた。ケシャブ・バーブは、だれからも尊敬を集めるすばらしい雄弁家で、若い学生が群がっていた。ケシャブ・バーブの信奉者は、師を狂人扱いしていたが、ケシャブ・バーブは、非常に注意深く師のお言葉に耳を傾けていた。私自身、ケシャブ・バーブが、師の部屋の床に足を組んで座して、師のお言葉を注意深く聞くのを見た。少なくとも私がいた間は、彼は一言も発しなかった。

カルカッタから多くの若い学生が、二元論、限定非二元論、非二元論についての、宗教や哲学の難解な質問をたずねに師を訪れていた。中には、師の知識を試しにくる者もいた。師は笑っておっしゃった。「もっともっと霊性の修行を積めば、こうした哲学の細かい違いはわかってくるものだ。

なにか修行はしたのかね？」このお言葉に、彼らは全員黙ってしまった。当時の若い世代は信仰に飢えていて、世界のさまざまな宗教について聞くために、ケシャブ・バーブのところに押し寄せていた。しかし飢えは増すばかりだった。ついに彼らは、その真髄を見つけるために、シュリー・ラーマクリシュナを訪れたのだった。師が信仰の管理人でおられたからである。

ある日職場に向かう私は船でガンガーを渡ったが、家庭内でのもめ事から、心は非常に乱れていた。私は仕事に行くよりも、師をお訪ねした方が良いだろうと思い付いた。そこで別の船に乗ると、ラーニー・ラスモニの寺院の沐浴場に降り立った。

師は部屋の西側のベランダに立って、ガンガーをながめておられた。私が近づくと、次のようにおっしゃった。「何だって！　仕事を逃げだしてきただって？　それは良くない。ワニのようにこの世に生きなさい。水の下に暮らしても、ときどきは上がってきて鼻汁を飛ばし深呼吸をして、また水面下に潜って行くのだ。人びとは世俗の生活にひたりきっていて、家庭で窒息しそうになった時にだけ、ここにくるのだよ。最初に悲しみや苦しみを経験しないで、信仰の道をたどる人がいるだろうか？　不幸には非常な価値があるのだよ。それは神に至る道を見つけるのを助けてくれるのだ」

師はお続けになった。「おまえが結婚しているのは知っている。お母さんはいらっしゃるのか？」「はい、まだ健在です」と私はお答えした。師はしばらく黙った後おっしゃった。「よろしい、今は家にとどまりなさい。多少の不幸は良いことだ。霊性の生活での成長を助けてくれるからだ。不幸がなければ、だれが主の御名を唱えるだろうか」

こうして師は語り続けられたが、お疲れのようにお見受けした。実際、喉のガンは、日に日に悪化していたのである。私は「師よ、どうぞ少しお休みください。昼食が終わったばかりのところをお邪魔してしまいました」と申しあげた。

師がおっしゃった、「確かに痛みはある。しかし何か知りたいことがあれば、たずねて良いのだよ」私はほほ笑んで申しあげた、「私たちは随分多くを知りたいと思います。でも理解する能力はどこにあるのでしょうか？」

師がおっしゃった。「神を知りなさい。少しばかり努力をするなら、神は見つかるだろう。神は遍在されるお方だ。神に深く思い焦がれなさい」

そこで私は師に哀願した。「師よ、どうぞ私を祝福してください」師は答えておっしゃった。「思慕の情は、祝福によっては得られないのだよ。それは自己努力によるものなのだ。もっと神を愛しなさい」師が質問に答えようとされていたのに、私にはまったく質問が思い付かなかった。師といっしょに部屋にもどった後、私は帰途についた。

師は、われわれの内に、神意識を目覚めさせるためにいらしたのだ。師のまわりに居られた私たちは、幸せだった。今では、師を思えば思うほど、私の心は師をお慕いし、目から涙があふれるのである。

師がお隠れになった後のある日、私が、「今も師が生きておられたなら」と、まったく無意識に言ったことがあった。すると本当に、たちまち師の臨在が体験されたのだった。師の恩寵は、言葉に言いつくせないのである。

[出典：Udbodhan (Calcutta: Udbodhan Office), vol. 50, nos. 1-2, 1947]

第一二章　マンマタ・ナート・ゴーシュ

マンマタ・ナート・ゴーシュは、シュリー・ラーマクリシュナの信者だった。

私の家族はコルカタのビードン・ストリートに住んでいた。当時は器楽の小さなコンサート・グループがはやっていた。若い頃の私は勉強には向かなかったが、音楽の素質があったので、多くの友人たちも団員だった近所のコンサート・グループに入っていた。

ある朝コンサートの一行は歌をうたいながら、パニハティに向けてガンガーを舟で出発した。まもなくラーニー・ラスモニのカーリー寺院までくると、私たちは船頭にそこで止まるように言った。船着き場に到着すると、友人が言った。「腹ぺこだ。この寺院にはパラマハンサがいらして、訪れる者にはだれにでも食べ物をくださるそうだ」

それからだれがグループを代表するかで、話し合いが始まった。とうとう私が言った。「どうしてパラマハンサにお会いしに行くのをこんなにためらっているのだろう？　僕が言って食べ物を頂いて来よう」私は舟から河岸に降り立った。シュリー・ラーマクリシュナのお住まいがわかったので、すぐにお部屋に向かった。

私をごらんになると、師はほほ笑んでおっしゃった。「やあ、何がほしいのかね?」「私たちはカルカッタのコンサート・グループの者で、パニハティに向かう途中です。朝早く朝食をとらずに家をでたので、腹ぺこなのです。どうか私たちに何か食べ物を分けていただけないでしょうか」私はそれだけを申しあげた。

師は私をじっと見つめられた。それから席を立たれると、葉皿にのせた果物と菓子をくださった。「こんな少しではどうしたらよいのでしょう」私はおたずねした。「グループには一二人もの人がいるのです。これでは私の分にしかなりません。かごにはたくさん入っています。もう少しいただけないでしょうか」

これを聞くと師は子どものようにかごを手で覆い隠して、私に無理矢理とられないようにされた。それから怒っておっしゃった。「あっちに行きなさい! もらった分で満足しなさい。『分け与える物を持たない人は、犬さえ飼ってはならない』のだよ。おまえは腹がすいているのだから、食べなさい。どうして仲間全員の分をほしがるのかね?」

私は「自分一人だけ食べようとは思いません。私の分はお返しいたします」と申しあげると、その場を去ろうとした。すると、師が優しく呼びもどしてくださり、「もっと持って行きなさい、子どもよ。でも欲張ってはならないよ」とおっしゃって、さらに食べ物をくださった。

「しかしこれでは足りないのです。私たちは全員すっかり腹ぺこなのですから。たくさん持っていらっしゃるのに、わざと十分にくださらないのですね！」

これを聞かれた師は笑っておっしゃった。「さて、どうして全員にあげなくてはならないのかね？その子たちはここには来れないのかね？だれがおまえにもらって来いと頼んだのだね？」私は答えた。「信じていただけないのでしたら、私たちの舟までいらして、一二人いるかいないか、ごらんになってください。腹ぺこじゃなければ、どうしてここまでくるでしょうか？」

師はそれからだれかに頼んで籠にいっぱいの果物と菓子を持たせてくださった。私はその籠を持って友人のところにもどると言った。「ほら、君たちはいっしょにこなかったけれど、こんなにもらってきてあげたよ」これが私の最初のシュリー・ラーマクリシュナ訪問だった。

後にときどきドッキネッショルをお訪ねするようになった。シュリー・ラーマクリシュナのお姿が、私の心を捕らえた。ケシャブ・チャンドラ・セン、ヴィジャイ・クリシュナ・ゴースワーミー等の著名な学者が混じった訪問者に囲まれる師に、あえて話しかけようとは思えなかった。師は私をごらんになるたびに、お付きの方におっしゃられた。「あの子に何かおいしい物をあげておくれ。腹ぺこなのだよ」私は恥じ入ったものだった。

結婚後の私は仕事を求めてあちこち忙しく動き回り、師を訪問できなかった。とうとうラリー・ブラザーズに地位が確保できたが、月給が安すぎて仕事に行く馬車も雇えないほどだった。ビードン・

ストリートの家からダルマタラにある職場まで、ジェラタラを経由して徒歩で往復しなくてはならなかった。

ある夜ジェラタラ・モスクを通りすぎると、ムスリムのファキール（聖人）が大声で祈るのが聞こえてきた。「おお、愛するお方よ。どうぞいらしてください！　どうぞいらしてください。おお、愛するお方！」その人は愛と憧れを込めて、ほほを涙でぬらしながらその祈りをくり返していた。

そのとき突然馬車からシュリー・ラーマクリシュナが降りてこられると、そのファキールに駆け寄ったのだった。二人はたがいに抱き合った。師がカーリーガートに聖母を詣でて帰られる途中でのでき事だった。なんと美しい光景だったことだろう！　他に二人が馬車に乗っていた。一人は師のおいラムラルで、ドッキネッショルで師に命じられて私にプラサードを与えてくれた人だった。

あのときの師のお姿は、今でも脳裏に鮮やかに焼きついている。当時はまだ師を知る人は極わずかで、知ろうとする人さえどれほどいたことか。老いの身となった私には、慈悲深い主にお会いしながら、理解するに至らなかった若い日々が悔やまれる。時の流れに思う。若気の至りから貴重な機会を失ってしまったことが、今さらながらなげかれるのである。

［出典：Udbodhan (Calcutta: Udbodhan Office), vol.57, no.11, 1955］

第一三章　ベピン・ベハリ・セン

ベピン・ベハリ・センは、シュリー・ラーマクリシュナの在家の弟子アダル・ラル・センのおいだった。父の名前はダヤル・チャンドラ・センだった。ベピンは、後にカルカッタ税関の会計係となった。

父方の伯父アダル・ラル・センは、シュリー・ラーマクリシュナの熱心な信者だった。われわれ二家族はいっしょに暮らしていた。一八八三年から八四年にかけて、たいてい日曜日になると師はわれわれの家を訪問されていた。そのため私は一二歳でシュリー・ラーマクリシュナに触れるという、たいへんな幸運に恵まれたのだった。師がいらっしゃるたびに、信者が集まってキールタン（信仰歌）がうたわれるのだった。家の居間は満員で、多くの人が中庭や通りにまで立ち並んでいた。当時はバンキム・チャッテルジー、ギリシュ・チャンドラ・ゴーシュ等多くの著名人もわが家に出入りしていた。

キールタンの際、特にヴァイシュナヴァ・チャランがうたうと、師は法悦状態で踊られ、ときおりサマーディに入られた。なんとすばらしい光景だったことか！　シュリー・チャイタンニャがふたたび地上にお姿を現されたかのようだった。通常意識に戻られた師はいつも笑顔で信者と語られ、質問に答えられた。ある日師がスワーミー・ヴィヴェーカーナンダにおっしゃった。「ナレン、どうか少しばかりヴァイオリンをひいておくれ」そこでスワーミージーがしばらく甘美なメロディーを奏でられた。その後でスター劇場のカーリー・バーブが、『ケシャヴァ・クル・クルナ・ディネ（おお、クリシュナ、低き者を哀れみたまえ）』をうたった。

カーリー・プージャーの聖なる母の礼拝に、シュリー・ラーマクリシュナがわが家にいらしたことがあった。マスター・マハーシャヤ（M）とラカル・マハーラージ（スワーミー・ブラフマーナンダ）もいっしょだった。シュリー・ラーマクリシュナは神像の前で両手を組んで立たれると、サマーディに入られた。通常意識にもどると「こんなにほほえんでおられる神像は見たことがないよ」とおっしゃった。師のおかげでわが家は喜びにあふれ、にぎわっていた。伯父は師にお仕えすることにすっかり没頭して、他には何も考えられないようだった。一時間後、シュリー・ラーマクリシュナは軽食を召し上がってからたたれた。礼拝はまだ執り行われていたが、師が去られてからは、だれもが家の中に寂しさを感じていた。

まだ幼かった私は、年輩者の言いつけに従っていた。そのため、師に飲み水をお運びするように幾度も命じられた。師は大きなコップに入った氷入りの水をたいへん喜ばれた。また甘いマンゴーも好まれた。

職場から帰った伯父は、ほとんど毎日沐浴を済ませて何かを食べると、ドッキネッショルへと向かった。当時は自動車がなかったので、馬車を借りねばならず、帰りはほとんど真夜中だった。ときどき彼の幼い娘と私がドッキネッショルにお供する折には、早めに帰宅した。

ある日われわれはドッキネッショルのアーラティ（夕拝）に参列していた。シュリー・ラーマクリシュナは両手を組んで聖なる母の前にたち、熱心に母を見つめておられた。師の唇が動いているのが見えた。アーラティが終わって、ほら貝が吹き鳴らされた。すると師は肩に掛かっていた布の一部を手の中に畳み込んで、その布で母の御足に触れられた。それから布をひたいに押し当てると、部屋に戻られた。手が触れることで母が少しでも不快感や痛みを感じられないよう、たいへん注意深く御足に触れられたのだった。師が常に唇を動かしておられたのは、寺院にいる間はいつでも母をたたえ続けておられることを示していた。

伯父が落馬したのはおそらく一八八五年一月八日のことだったと思う。左腕を骨折したのが致命傷となり、八日後に亡くなった。最後の日々に、シュリー・ラーマクリシュナが一度伯父をお訪ねくださった。その日の師はたいへんお顔の色が悪かった。伯父の体をさすって泣かれた。この時の伯父はほとんど声が出なくなっていたが、師を見ると涙がほほを伝わった。師が伯父に少し話されたが、幼かった私には理解できなかった。それでも師を見て伯父の顔が喜び輝くのに気づいた。しばらくして師は何かを召し上がると、沈痛な面持ちでお帰りになった。

伯父の死後一年たって、私は別の伯父とドッキネッショルに師をお訪ねした。師の御足のちりを取ると、信者でいっぱいになった部屋に座った。師は私に気づかれて「この子はどこかで見たことがあるね」とおっしゃった。ラカル・マハーラージが「はい、アダルのおいのベピンでございます」と言われた。師は片手をあげると「それは良い」とおっしゃった。それから伯父と話され、わが家の暮らし向きについておたずねになった。

今でも多くのシュリー・ラーマクリシュナの信者が、師の祝福された御足が触れた床にごあいさつするため、わが家を訪れている。

［出典：Udbodhan (Calcutta: Udbodhan Office), vol.40, no.9, 1938］

マニンドラ・クリシュナ・グプタ

第一四章　マニンドラ・クリシュナ・グプタ

マニンドラ・クリシュナ・グプタ（一八七〇～一九三九）は、ベンガルの著名な詩人イシュワル・チャンドラ・グプタの孫だった。マニンドラは芸術家であり、劇作家でもあった。少年時代にシュリー・ラーマクリシュナに出会って祝福を受けた。スワーミー・サーラダーナンダの要望で以下の回想録を記した。

シュリー・ラーマクリシュナが、ケシャブ・チャンドラ・センに会われて以来、師のお名前はブラーフモ・サマージの会員の間に広まっていった。さまざまなグループの人びとに加えて、ケシャブの信奉者たちも、崇高な教えを求めて師のまわりに集まってきたのである。福音伝道者ブラフマバンダヴ・ウパダエ（バヴァニ・チャラン・バンドョーパダエ）は、夏休みや休暇になると、友人と連れだってドッキネッショルにシュリー・ラーマクリシュナをお訪ねしていた。リーダー役だった彼は、機会があるごとに、私たち若者を誘ってくれた。そういうわけで、私が初めてドッキネッショルに詣でたのは、信仰上の理由からではなかった。

当時の私は一一、一二歳だった。大きな舟で行くガンガーの旅がたいへん心地よかったのを覚えている。ドッキネッショルで下船すると、ガンガーや池で沐浴をした。私たちは泳いだり、水をかけ合ったりしておおいに楽しんだ。それからシュリー・ラーマクリシュナのお部屋の、北側のベランダに集まったものだった。師はお下がりの菓子や果物やシュガー・キャンディ・シロップなどの、珍しいおやつでもてなしてくださった。こうして私は何度か師にお会いしているのだが、覚えているのはお菓子のことと、師の愛情あふれる仕草だけなのである。

プラサードを頂くと、年長の者は師のお話に耳を傾け、われわれ年少者は寺院の庭園で遊んだり、パンチャヴァティで休んだりした。

ある日私は好奇心から、師のお部屋の東側の扉をのぞいてみた。師は小さな寝台に座っておられた。シナモンやクローブなどのスパイスの入った、小さな袋を持っておられたのを今でも覚えている。お話をされながら、ときおり少しずつ袋から取りだしてはお口に入れておられた。なんのお話をされていたのかは思い出せないが、一つだけ覚えていることがある。部屋に集まっていた人びとを指差して、「ごらん、きらめく宝石が集まっているよ」、とおっしゃったのだ。美しく愛情深い師のお顔を拝した私は、目をそらせないほどの感銘を受けた。私はすべてを忘れて、しばらくそこにたたずんでいた。仲間たちがお部屋を辞すると、私も彼らに従ってカルカッタに帰った。

父の転勤で、家族がバガールプルに引っ越したため、三年間師にお会いできなかった。カルカッタにもどった後、ある日の午後に、知人のサーラダー・バーブが「いっしょに出かけないかね？」と誘ってくれた。放課後はときおり彼と連れだって、田舎に散歩に出かけたりしていたのだ。そこで私も、「いいよ、行きましょう」と言った。サーラダー・バーブは、私の思いを見透かして言った。「でも今日は散歩に行くのではないよ。シュリー・ラーマクリシュナは、今シャーンプクルの家に住んでおられる。伺ってみようではないか」「それはすごくうれしいな。シャツを着て来よう」、私は部屋にもどって着替えると、二人で出発した。

シャーンプクルの家に着いたとき、幸いシュリー・ラーマクリシュナのお部屋に見知らぬ人はいなかった。記憶している限りでは、マヘンドラナート・グプタ（『ラーマクリシュナの福音』の記録者）とナレーンドラナート（スワーミー・ヴィヴェーカーナンダ）が居合わせただけだった。師は北を向いて寝台に横たわっておられた。私たちが部屋に入ってくるのをごらんになると、すぐに身を起こされた。私たちはごあいさつを申しあげた。少しの間私を見つめられると、指で御自分の目に触れてからMとスワーミージーの方にお顔を向けられた。それから一本の指で私を示して、お二人に私の目を見るように指示されたかのようだった。そしてその指で輪を描くと、中指と親指をこすり合わせて音を出された。私にはその一連の動作の意味がわからなかった。

その後で、師は私を近くに招き寄せられた。サーラダー・バーブと私はいっしょにうかがったのに、一人だけ呼ばれた私は少々まごついてしまった。ゆっくりとおそばに近寄ると、師は少しほほ笑んでささやかれた。「明日一人でおいで。彼とくるんじゃない」、サーラダー・バーブには聞こえないようにおっしゃられた。

サーラダー・バーブは帰り道で好奇心から、「師は君になんと言われたのだね？」とたずねてきた。「一人きりでおいで」とおっしゃったことを伝えるのがためらわれたので、「他の日にくるようにとおっしゃったのだよ」と答えた。「まったく君は運が良いよ」、サーラダー・バーブは寂しそうな声で言った。「僕には全然話してくださらなかったのだもの」、帰る道すがら、私はシャーンプクルに強く後ろ髪を引かれる思いだったが、サーラダー・バーブには話さなかった。

帰宅すると夜になっていた。有無を言わせぬ奇妙な魅力にますます引き付けられた私は、深い物思いに沈んでいた。師の笑顔が目の前を離れず、「明日一人でおいで」と言われたお声が耳に鳴り続けた。「私に何が起こったのだろうか？」と私はいぶかった。「気が狂ってしまったのだろうか？」早めの夕食をとって眠ることにした。頭を冷やすには、ぐっすり眠ればよいだろうと考えたからだ。しかし寝台の蚊帳の中にもぐっても、師の笑顔が目の前を離れなかった。

一〇代の記憶なので、私の描写に、幾分誇張があると思われるかも知れない。しかし真理が時の流れとともに変化しないように、人の経験もまた色あせないということを、どうか覚えていてほしい。若い頃に月をながめた喜びは、年老いてからの同じ経験と変わらないものだ。ともかくまんじりともせず夜をすごし、明け方になってようやく眠りに落ちたのをはっきりと覚えている。

翌日の午後、私はふたたびシャーンプクルへと赴いた。到着したときには、マヘンドラ・バーブと数人の信者が師のお部屋にいた。親戚のマヘンドラ・バーブ(私の姉の夫は彼の妻の兄弟だった)と、私が師にお会いする前から知っていたスワーミージーを除くと、シュリー・ラーマクリシュナのほとんどの弟子に、顔見知りはいなかった。ここでスワーミージーに初めてお目にかかった経緯を説明することにしよう。

私たちの隣人だった有名な歌手ベニ・アディカリの家に、スワーミージーが歌の稽古に毎朝通っていたのだった。その途中スワーミージーは、やはりわが家の近くにあったアンブ・バーブの体育館に、体操やレスリングをするために立ち寄っていた。

通りの向こうには、二つのシヴァ寺院の建つ芝地があった。冬の朝には、近所の若者たち(私もふくめて)がひなたぼっこをしたり、シヴァ寺院のまわりで遊んだりしたものだった。

毎日通りを行く男の人に私は気づいていた。ひざもとまでの短い布をまとい、身体を灰色のショールに包んでいた。安物のサンダルはすり切れていて、かかとが地面に擦れていた。右も左も見ず、まっすぐに歩いていた。そのおだやかな顔は、あらがいがたい力で私の目を引き付けた。そして、とうとう彼がだれなのかを探り出したのだった。そういうわけで、初日に師のお部屋でお会いしたスワーミージーがだれなのか、すぐにわかったのだ。

二度目の訪問で師のお部屋に入っていくと、師は私がくるのをご存じで待っておられたようすだった。私が腰を下ろす前に、師は完全に人払いをされて、そばにきて座るよう合図された。「こんなに長い間どこに行っていたのかね？」と問われると、師はわっと泣きだされた。まるで私が非常に親密な身内であるかのように話しかけてくださった。それから私に触れられると、わずかにほほえまれた。すると突然、師のお身体がしかばねのように硬直してしまったのだ。私はただじっとしていた。これはいったい何なのだろう？　サマーディを見たことのなかった私はうろたえてしまった。呼吸をお調べしても、まったく感じられなかった。目は半眼で、まぶたはぴくりともしなかった。一五分ほどたつと、徐々に通常の意識にもどってこられた。それから私の胸に触れられて、何ごとかをつぶやかれた。そして深い声で、「何がほしいかね？」とおたずねになった。

こうたずねられた私は、望むものは何なりと師が用意してくださっているのだと確信した。しかし、「脱穀機は天国に行っても脱穀し続ける」、ということわざの心境にあった私は、最高のものを求めるのに、絶好の機会を逸してしまったのである。不覚にも私は、「世界の美と人間の性質について自己表現したいのです。それが私の望みです」と申しあげた。「けっこうだ」、師はほほ笑んで続けられた。「だが、神を実現すればすべてを成しとげることができるのだよ」

ある日お訪ねすると、師は厠《かわや》からベランダの向こうにあるお部屋へ戻られるところだった。北のベランダでお待ちしていた私は、師について行った。ラームチャンドラ・ダッタらの信者が師のお部屋に入って行くのに気づいた。ラームをごらんになった師がおっしゃった。「やあ、ラーム。たった今、黄土色の腰布を巻いた体格の良い僧のヴィジョンを見たのだよ。見慣れない僧だった」

ラームがほほ笑んで答えた。「師よ、われわれが何を知りましょうか? あなたは天において、地においてて、多くのことをごらんになられます。どうしてわれわれにそんなことが理解できましょう」

「本当に僧を見たのだよ」師がおっしゃった。「しかしだれなのかがわからないのだよ」、この素朴な、子どものような一言は、今でも私の記憶にはっきりと焼きついている。それからその話は忘れられてしまった。師はゆっくりと寝台に腰を下ろされた。ラームらの信者はその前に座した。私は階段近くの師のお部屋に隣接している部屋に座った。一時間ほどすると、一人の男が階上にやってくるのが見えた。黒のシャツに黒の帽子をかぶっていた。ビハールの出身者のように見受けられた。彼は私にたずねた。「ラーマクリシュナ・パラマハンサはこちらにお住まいでいらっしゃいますか? お会いしにうかがったのです。すぐにお目通り願えますか?」「もちろんですとも。こちらにどうぞ」、私は彼を師のお部屋に案内した。

しばらくの間静かにそこに座していた彼は、師に申しあげた。「師よ、私はキリスト教徒です。長年独居してキリストを瞑想してきました。キリスト教徒であり、理想神はキリストでありながら、私の礼拝様式はヒンドゥですし、ヨーガの聖典を信奉しております。まだ世俗におりましたときに、最高の霊性の悟りを得た方を探したいという願望を持っておりました。ある日瞑想していると、二人の人が見えました。そのうちの一人が最高の悟りに達しており、その足もとに座していたもう一人は、まだ最高の悟りに至っていませんでしたが、普通の人ではないと、強く感じたのでした」

「ヴィジョンを見た後で、このような偉大な魂は実在するに違いないと確信しましたが、どこにいるのでしょう？　どうやってお会いできるのでしょう？　多くの場所を旅してきました。ヴィジョンに見た二人を探し求めて、とりわけインド西部を放浪し続けました。とうとうガジプルのパヴハリ・バーヴァーのことを耳にして、会いに行きました。しかし会ってみると、探していた二人のどちらにもまったく似ていないので、私はすっかり意気消沈してしまったのでした。ところが驚いたことに、その二人のうちの一人の写真が、彼の部屋の壁に掛けられていたのでした。パヴハリ・バーヴァーにたずねると、ラーマクリシュナ・パラマハンサのお写真だと教えてくれました。私は夢中になってたずねました。『どこに行けばお会いできますか？』パヴハリ・バーヴァーは、その人は長年ドッキネッショルに住んでいらしたが、今は病が重く、信者たちが治療のためにカルカッタにお移ししたと教えてくれました。パヴハリ・バーヴァーのおかげでこうしてカルカッタにやってきたのです」

男は続けた。「今着ている衣は、いつもの格好ではありません」、そう言いながら男が立ち上がって上着を脱ぐと、黄土色の衣が現れた。たちまち師は立ち上がると、キリストの写真に見られるように、片手をあげてサマーディに入られた。それを見た僧侶は、合掌してひざまずくと、一心にシュリー・ラーマクリシュナを見つめた。僧は涙を流し、身体を震わせていた。

そこに居合わせたわれわれは、全員、二人の醸しだす霊的な雰囲気に驚嘆してしまった。そしてふたたび彼の黄土色の衣に視線を向けた私は問うた。「この人が、シュリー・ラーマクリシュナがヴィジョンでごらんになられた黄土色の衣の聖者なのだろうか?」

しばらくすると、師は通常の意識に降りてきて、寝台に座られた。僧は喜びに顔を輝かせてわれわれを見ると、感嘆の声をあげた。「今日私は、祝福を受けました」、それから幾分おだやかな口調で続けた。「ごらんのように、下に着ているのが私の普段の姿で、インドのヨーギーたちが身に付けてきた、私の大好きな格好なのです。ブラーミンの家族に生まれた私が、キリスト教徒だという理由で、どうして先祖伝来の伝統を捨てることがありましょうか? インドの流儀や習慣には信念を持っています」

それからわれわれに隣室に連れて行かれた彼は、スワーミー・ヴィヴェーカーナンダからプラサードを受けとった。最後にわれわれは、彼が恍惚状態に陥った理由をたずねた。「今日、私が長年瞑想をしてきた人にお会いしたのです。その人の中に、主イエスを見たのです」、僧侶は、シュリー・ラーマクリシュナがイエス御自身だということを確信したのだった。

［ウドボダンから］

［1］この回想録の著者は、芸術家、作家となった。

［2］僧の名前は、プラブダヤル・ミシュラといった。インド西部の出身で、キリスト教のクエーカー教に属していた。

［出典：Udbodhan (Calcutta: Udbodhan Office), vols. 38-41, 1935-39］

Ramakrishna As We Saw HIm Vol.1
ラーマクリシュナの回想録 1
――出家と在家信者による――

2021年12月24日 初版発行
発行者　日本ヴェーダーンタ協会会長
印刷所　モリモト印刷株式会社
発行所　日本ヴェーダーンタ協会
249-0001 神奈川県逗子市久木4-18-1
Tel: 046-873-0428　Fax: 046-873-0592
E-mail: info.nvk@gmail.com
Website: vedanta.jp

Printed in Japan
ISBN978-4-931148-75-8

CD シヴァ神のマハームリットゥンジャヤ・マントラ 108　1200円（約79分）インドの霊的伝統に基づく有名なマントラ（真言）の一つで、強い霊的波動と加護の力を持つことから広く唱えられている。

CD マントラム 1500円（約66分）インドと日本の朗唱集。インドおよび日本の僧侶による。心を穏やかにし、瞑想を助ける。

シュリー・ラーマクリシュナ・アラティ　価格2000円（約60分）毎日ラーマクリシュナ・ミッションで夕拝に歌われているもの、他に朗唱等を含む。

シヴァ - バジャン（シヴァのマントラと賛歌　価格2000円（約75分）　シヴァに捧げるマントラと賛歌が甘美な声で歌われ、静寂と平安をもたらす。

こころに咲く花　～ やすらぎの信仰歌 ～　価格1500円（約46分）　日本語賛歌CDです。主に神とインドの預言者の歌で神を信じる誰もが楽しめる内容。

ラヴィ・シャンカール、シタール　価格1900円 世界的な演奏家によるシタール演奏。瞑想などのBGMに。

ハリ・プラサード、フルート　価格1900円 インド著名な演奏家によるフルート演奏。瞑想などのBGMに。

ディッヴャ・ギーティ（神聖な歌）1～3　各価格2000円（約60分）聞く人のハートに慰めと純粋な喜びをもたらし、神への歓喜を呼び覚ます歌。

ディヤーナム（瞑想）　価格2000円（77:50分）信仰の道（バクティ・ヨーガ）、識別の道（ギャーナ・ヨーガ）の瞑想方法を収録。

普遍の祈りと讃歌　価格2000円（44:58分）サンスクリット語の朗誦と讃歌によるヴェーダ・マントラ。

バガヴァッド・ギーター（全集）価格5000円（75:27、67:17、68:00分）サンスクリット語。インドの聖なる英知と至高の知恵の朗誦、全18章完全収録。

シュリマッド・バガヴァッド・ギーター（選集）　価格2200円（79:06分）上記のギーター3枚組より抜粋し、1枚にまとめたCD。

電子書籍（現在アマゾンのみの販売）

書籍（キンドル版）のQRコード。すべて見ることができます。
https://amzn.to/2TneEEw

雑誌（同版）、最近の雑誌を一冊ごとにキンドル化。
https://amzn.to/2TofS2b

雑誌合本総合（同版）、年ごとの合本（〔初期は12冊〕。１９６４年よりスタート。
https://amzn.to/3axfZ1o

書籍・雑誌総合（キンドル版）。両方を見ることができます。
https://amzn.to/2Trkh4k

※電子書籍は随時発行中。

※その他　線香、写真、数珠などあります。サイト閲覧又はカタログをご請求ください。

※価格・内容は、予告なく変更の可能性があります。ショップサイトで最新の情報をご確認ください。

会員（会員の条件は不定期に変更されます）

・協会会員には、雑誌講読を主とする準会員（1年間５０００円、3年間１３０００円、5年間２１０００円）と協会の維持を助けてくれる正会員（1年間１５０００円またはそれ以上）があります。正・準会員には年6回、奇数月発行の会誌「不滅の言葉」と、催し物のご案内をお送り致します。また協会の物品購入に関して準会員は１５％引き、正会員２５％引きとなります。（協会直販のみ）（会員の会費には税はつきません）

・https://vedantajp.com/ 会員 / からも申込できます。

結果を忠実に、かつ詳細に記録。
(POD版) ラーマクリシュナの生涯下巻 価格4500円 (A5判、608頁) ＰＯＤ版、ソフトカバー。伝記下巻。
シュリーマッド・バガヴァッド・ギーター　価格1400円 (B6変形、220頁、ハードカバー) ローマ字とカタカナに転写したサンスクリット原典とその日本語訳。
抜粋ラーマクリシュナの福音　価格1500円 (B6判、436頁) 1907年、「福音」の著者みずからが、その要所をぬき出して英訳、出版した。改訂2版。
最高をめざして　価格1000円(B6判、244頁)ラーマクリシュナ僧団・奉仕団の第6代の長、スワーミー・ヴィラジャーナンダが出家・在家両方の弟子たちのために説いた最高の目標に達するための教え。
カルマ・ヨーガ　価格1000円 (新書判、214頁) ヴィヴェーカーナンダ講話集。無執着で働くことによって自己放棄を得る方法を説く。
バクティ・ヨーガ　価格1000円(新書判、192頁)同上。人格神信仰の論理的根拠、実践の方法及びその究極の境地を説く。
ギャーナ・ヨーガ　価格1400円 (新書判、352頁) 同上。哲学的思索により実在と非実在を識別し、真理に到達する方法を説く。
ラージャ・ヨーガ　価格1000円 (新書判、242頁) 同上。精神集中等によって、真理に至る方法を説く。
シカゴ講話集　価格500円 (文庫判、64頁) シカゴで行なわれた世界宗教会議でのスワーミージーの全講演。
ラーマクリシュナ僧団の三位一体と理想と活動　価格900円 (B6判、128頁) 僧団の歴史と活動および日本ヴェーダーンタ協会の歴史がわかりやすく解説されている。
霊性の修行　価格900円 (B6判、168頁) 前僧院長ブテシャーナンダジによる日本での講話。霊性の修行に関する深遠、そして実践的な講話集。
瞑想と霊性の生活1　価格1000円 (B6判、232頁) スワーミー・ヤティシュワラーナンダ。灯台の光のように霊性の旅路を照らし続け、誠実な魂たちに霊的知識を伝える重要な概念書の第1巻。
瞑想と霊性の生活2　価格1000円 (B6、240頁) 灯台の光のように霊性の旅路を照らし続け、誠実な魂たちに霊的知識を伝える重要な概念書の第2巻。
瞑想と霊性の生活3　価格1000円 (B6、226頁) 本書は実践上のヒントに富んだ、霊性の生活の手引書。第3巻。
わが師　価格1000円(B6判、246頁)スワーミージー講演集。「わが師 (スワーミーが彼の師ラーマクリシュナを語る)」、「シカゴ講演集」、「インドの賢者たち」その他を含む。
ヒンドゥイズム　価格1000円(B6判、266頁)ヒンドゥの信仰と哲学の根本原理を分かりやすく解説した一般教養書。
霊性の師たちの生涯　価格1000円(B6判、301頁)ラーマクリシュナ、サーラダー・デーヴィーおよびスワーミー・ヴィヴェーカーナンダの伝記。
神を求めて　価格800円(B6判、263頁)　直弟子。禁欲と瞑想の聖者スワーミー・トゥリヤーナンダの生涯。
謙虚な心　価格1100円 (176頁、B6) シュリー・ラーマクリシュナの家住者の高弟ナーグ・マハーシャヤの生涯。
スワーミー・ヴィヴェーカーナンダの生涯 価格1900円→1500円(A5判、368頁) すばらしい生涯が美しくまとめられている。スワーミー・ニキラーナンダ著。
ホーリー・マザーの福音　価格1900円 (A5判320頁) 現代インドの聖女サーラダー・デーヴィーの教え。
ホーリー・マザーの生涯　価格1900円(A5判320頁)スワーミー・ニキラーナンダ著。現代インドの聖女サーラダー・デーヴィーの生涯。
スワミ・アドブターナンダ　価格1000円 (B6判、190頁) 正規の教育をまったく受けていないにかかわらず、最高の叡智を悟ったラーマクリシュナの高弟。

C　D

CDガーヤットリー・マントラ108　価格1200円 (約73分) 深遠な意味と高い霊的忘我のムードを持つインドの霊的伝統で最も有名なマントラ (真言) の一つ。マントラを108回唱えることは神秘的で特別な意味がある。

日本ヴェーダーンタ協会 刊行物

最新はサイトをご覧ください。 https://vedantajp.com/ショップ/

書　籍

パタンジャリ・ヨーガの実践　価格1500円(B6、254頁、ハードカバー)インドの聖者パタンジャリが編纂した聖典『ヨーガ・スートラ』に教示されたアシュターンギカ・マールガ（８つの実践部門）の実践的解説書。

インド賢者物語［改訂版］ 価格900円（B5判、72頁、２色刷り）ヴィヴェーカーナンダ伝記絵本。

実践的ヴェーダーンタ［改訂版］ 価格1000円（B6判、196頁）ヴェーダーンタの高遠な哲学を実践してわれわれの内なる自己の真の性質を悟る方法を説いている。

ラーマクリシュナの福音 価格5000円（A５判、上製、1324頁）近代インド最大の聖者ラーマクリシュナの言葉を直に読むことができる待望の書。改訂版として再販。

輪廻転生とカルマの法則［改訂版］ 価格1000円（B6判、188頁）日本語が原作となる初の本。生や死、活動、インド哲学が説く解脱等、人生の重要な問題を扱っている。人生の問題に真剣に答えを求めている人々に役立つ。

霊性の光　価格1000円（B6、200頁）故僧院長ブーテーシャーナンダジのインド国内外の講話をまとめた書。「人生を霊的なものにする」ことをわかりやすく解説している。

ナーラダ・バクティ・スートラ　価格800円（B6、184頁）聖者ナーラダによる信仰の道の格言集。注釈あり。

ヴィヴェーカーナンダの物語［改訂版］価格900円（B6判、132頁）スワーミー・ヴィヴェーカーナンダの生涯における注目すべきできごとと彼の言葉。

秘められたインド［改訂版］ 価格1400円（B6、442頁）哲学者P・ブラントンが真のヨーギを求めてインドを遍歴し、沈黙の聖者ラーマナ・マハリシに会う。

ウパニシャド［改訂版］価格1500円（B6、276頁）ヒンドゥ教の最も古く重要な聖典です。ヴェーダーンタ哲学はウパニシャドに基づく。

永遠の伴侶［改訂版］価格1300円(B6判、332頁)ブラフマーナンダジーの伝記、語録と追憶記も含む。

最高の愛 価格900円（B6判、140頁）スワーミー・ヴィヴェーカーナンダによる信仰（純粋な愛）の道に関する深い洞察と実践の書。

調和の預言者 価格1000円（B6判、180頁）スワーミー・ヴィヴェーカーナンダの生涯の他にメッセージ等を含む。

立ち上がれ 目覚めよ 価格500円（文庫版、76頁）ヴィヴェーカーナンダのメッセージをコンパクトにまとめた。

100のQ&A 価格900円(B6判、100頁）人間関係、心の平安、霊的な生活とヒンドゥ教について質疑応答集。

永遠の物語 価格1000円(B6判、124頁）（バイリンガル本）心の糧になるさまざまな短篇集。

ラーマクリシュナの福音要約版 上巻　価格1000円（文庫判、304頁）「ラーマクリシュナの福音」の全訳からの主要部分をまとめた要約版上巻。

ラーマクリシュナの福音要約版 下巻［改訂版］　定価1000円（文庫判、392頁）「ラーマクリシュナの福音」の全訳からの主要部分をまとめた要約版下巻。

スワーミー・ヴィヴェーカーナンダと日本　価格1000円（B6判、152頁）スワーミーと日本との関連性をまとめた。

インスパイアリング・メッセージVol.1　価格900円(文庫版変形、152頁)世界の偉大な預言者のメッセージを集めた小冊子。

インスパイアリング・メッセージVol.2　価格900円（文庫版変形、136頁）同上の第２弾。

はじめてのヴェーダーンタ　価格1000円（B6判、144頁）はじめてインド思想のヴェーダーンタに触れる方々のために書かれたもの。

真実の愛と勇気（ラーマクリシュナの弟子たちの足跡）価格1900円（B6判、424頁）出家した弟子16人の伝記と教え。

シュリーマッド・バーガヴァタム［改訂版］価格1600円（B6判、306頁）神人シュリー・クリシュナや多くの聖者、信者、王の生涯の貴重な霊性の教えが語られている。

（中古本）ラーマクリシュナの生涯上巻 価格3900円〔中古本のみ〕（A5判、772頁）伝記。その希有の霊的修行と